CUENTOS DE LA GRAN GUERRA

Matilde Ras

CUENTOS DE LA GRAN GUERRA

Edición, introducción y notas de María Jesús Fraga

Prólogo de Ángel Viñas

ESPUELA DE PLATA

SEVILLA ● MMXVI

www.editorialrenacimiento.com

POLÍGONO NAVE EXPO, 17 • 41907 VALENCINA DE LA CONCEPCIÓN (SEVILLA)

tel.: (+34) 955998232 • editorial@editorialrenacimiento.com

LIBRERÍA RENACIMIENTO S.L.

Diseño de cubierta: Equipo Renacimiento, sobre la obra
Cleaning Out Boche Machine Gun Nest de George Matthews Harding

DEPÓSITO LEGAL: SE 1426-2016 • ISBN: 978-84-16034-78-9
Impreso en España • Printed in Spain

PRÓLOGO

L A investigación histórica expone a la luz documentos iné-
ditos (memorias desconocidas, correspondencia olvidada en archivos personales, expedientes militares cerrados
durante largos años...) y hace posible la constante actualización y
reinterpretación de ciertas vetas del pasado, por definición infinito
e incognoscible. A su vez, los filólogos interesados en completar la
historia de la literatura española en un período cultural tan rico
como el primer tercio del siglo XX tratan de rescatar de la oscuridad textos y autores casi desconocidos u olvidados. Son quienes,
eclipsados por figuras más significativas de las tres grandes generaciones literarias que convivieron entonces, constituyen el material
imprescindible para rellenar los, por desgracia, demasiados huecos
que todavía subsisten en la historia de la literatura española.

Esta es una de las razones inexcusables para dar la bienvenida
a la recuperación, dentro de la colección «Narrativa» de Ediciones
Espuela de Plata, de estos *Cuentos de la Gran Guerra*, de Matilde
Ras. Es una colección de relatos y diálogos, centrados todos ellos

en los sucesos de la I Guerra Mundial, editada por primera vez en Barcelona en 1915 y de la que apenas se tenía noticia. No figura en el amplio catálogo de la Biblioteca Nacional. Tampoco se ha abordado en los extensos números monográficos sobre la literatura y la Gran Guerra publicados recientemente en las revistas literarias *Ínsula* (2013) y *Monteagudo* (2015). El presente libro contribuye a ampliar el corpus literario que tiene por tema los acontecimientos de la primera guerra mundial.

Este conjunto de textos resulta además insólito en el panorama literario español si se evalúan adecuadamente la temprana fecha de su publicación, su carácter estrictamente ficcional y su autoría femenina. Matilde Ras (1881-1969), escritora catalana de expresión en castellano, lectora empedernida, de educación francesa y de gran cultura, indica ya en la Dedicatoria su posición aliadófila, al definir sus textos como «inspirados en la desgracia y en el heroísmo de Francia».

Es la misma postura que se explicitaría en fecha cercana a la de esta publicación en el «Manifiesto de los intelectuales españoles» (julio de 1915 en la revista *Iberia*) y al que meses después se opondría el titulado «Amistad hispano-germana» (diciembre de 1915 en *La Tribuna*). Este, obviamente, sirvió para dar voz al sector germanófilo. En su conjunto, ambos reflejaron las dos filias en que pronto se había fragmentado la sociedad española con independencia de la neutralidad oficial.

Aún sin haber pisado los escenarios de la contienda, Matilde Ras publicó sus *Cuentos* en 1915, en plena guerra de trincheras pero cuando ya se habían producido importantes sucesos bélicos y cuando, por vez primera, los alemanes habían utilizado munición artillera cargada con agentes irritantes. Se inauguraba el empleo de los gases tóxicos que se haría común y corriente en el año en que aparecieron los *Cuentos*. La entrada de Italia en la contienda y la gran retirada rusa en Polonia son cronológicamente los últimos acontecimientos bélicos recogidos en este libro. Las iniciales adaptaciones literarias de las crónicas enviadas por los escritores o periodistas desde diversos puntos de Europa no se dan a la imprenta hasta mediado el año 1917.

Como autora de relatos sobre la guerra, Matilde Ras cuenta con ilustres predecesoras, puesto que tanto Sofía Casanova, testigo excepcional de los acontecimientos de la primera y segunda guerra mundiales, como Carmen de Burgos, que ya había cubierto la guerra de África de 1909 como periodista para el *Heraldo de Madrid*, escribieron crónicas sobre la Gran Guerra que más tarde novelaron. Ambas pudieron inspirarse en Concepción Arenal, verdadera corresponsal de la tercera guerra carlista, que publicó en 1880 *Cuadros de la Guerra*, una serie de escenas previamente editadas en el periódico *La Voz de la Caridad*.

Matilde Ras escribió desde muy joven cuentos, novela y teatro sin lograr alcanzar un puesto en el muy varonil parnaso literario de la época. Solo cuando decidió dedicarse a la grafología, es decir, cuando se situó del otro lado de la escritura (un lugar que el hombre cede sin dificultad), consiguió el reconocimiento general. La recuperación de su obra literaria, iniciada hace menos de un año con la publicación de una antología de sus textos *El camino es nuestro*, prosigue aquí con la publicación de la más ignorada de sus obras.

Con este volumen se enriquece el escaso corpus textual español de cuentos sobre la primera guerra mundial. Los seis singulares diálogos literarios que completan esta recopilación, en los que el conflicto bélico da pie a reflexiones filosófico-políticas, constituyen piezas insólitas, por más que este género tuviera ilustres artífices en la literatura y –sobre todo– en la prensa finisecular.

Y, ¿cuál es el cuento que más ha gustado a este prologuista? Sin duda alguna, el primero. El que tiene lugar en España, lejano a los campos de batalla. Refleja con sencillez y elegancia, pero con exactitud, el latir de los mejores corazones de Francia en aquella época. No es casualidad, creo, que fuese el de una mujer.

ÁNGEL VIÑAS
Catedrático emérito de la UCM

INTRODUCCIÓN

Los acontecimientos de la I Guerra Mundial fueron puntualmente trasmitidos a los lectores españoles en forma de crónicas redactadas por prestigiosos periodistas y escritores desplazados a los distintos frentes (Blasco Ibáñez, Pío Baroja, Valle-Inclán, Carmen de Burgos, Agustí Calvet «Gaziel», Juan Pujol…). Sin embargo, la publicación de obras de ficción sobre este conflicto bélico ha sido relativamente escasa. De entre las novelas destaca, sin apenas compañía, la célebre obra de Blasco Ibáñez, *Los cuatro jinetes del apocalipsis* (Ed. Biblioteca de la Prensa, 1916), cuyo germen fue su *Crónica de la Guerra Europea, 1914-1918*.

Cuestión diferente es la publicación de otros géneros literarios cortos, a cuyo formato se adapta con mayor facilidad la crónica novelada, como la novela corta o el cuento. En relación con la primera, las colecciones *Los Contemporáneos* y *La novela corta* fueron, sin duda, las que editaron para los lectores españoles las más copiosas colecciones de novela corta bélica. Las novelas de esta colección que tratan específicamente del conflicto de 1914, se publican entre 1915 y 1923.

De 1917, es la recopilación de cuentos del corresponsal del *ABC*, Juan Pujol, *La Guerra Europea: cuentos y narraciones*, mientras que la realizada por Blasco Ibáñez, *Cuentos de la Guerra* (Colección *Los Contemporáneos*) se publica en 1918. En ambos casos los cuentos son más bien adaptaciones más o menos literarias de las crónicas enviadas previamente a sus diarios. Como una excepción, Matilde Ras publicó en 1915 el volumen *Cuentos de la Guerra*, la primera recopilación de relatos y diálogos de ficción centrados en los sucesos de la Guerra Mundial.

A Matilde Ras (Tarragona, 1881-Madrid, 1969), artífice de este volumen del que apenas se tenía noticia y que ahora se reedita, se la recordaba hasta hace pocos años como introductora de la grafología en España y creadora de uno de los primeros consultorios grafológicos publicados en nuestra prensa. El registro de su actividad como escritora quedaba circunscrito a contadas menciones como autora de libros infantiles o como traductora tardía de los cuentos de la condesa de Ségur. Pero su intensa labor creativa, apenas investigada, abarcó también la escritura de novelas cortas y convencionales, diarios, ensayo y teatro, sin contar su extensa labor periodística y la autoría de tratados teóricos y prácticos de grafología.

Habría de esperar a que Ribera Llopis publicara, en 2007, un estudio sobre la larga correspondencia que Matilde Ras mantuvo con la escritora neucentista Victor Català (pseudónimo de Caterina Albert), donde se destaca su penetración en el análisis de la obra de la poetisa catalana[1]. A lo largo de la relación epistolar que mantuvieron desde 1904 hasta 1964 —dos años antes de la muerte de Victor Català—,

---

[1]. Ribera Llopis, Juan M., *Projecció i recepció hispanes de Caterina Albert i Paradís, Víctor Català, i de la seva obra*, CCG, Gerona, 2007.

Matilde Ras, que la apreciaba profundamente como interlocutora, le confió las dificultades con las que se enfrentaba al tratar de afianzar su carrera literaria y le envió originales, para que se los valorase segura de que su «maestra» le haría comentarios «benévolos» pero «sinceros».

En 2009 Navas, que junto al propio Ribera Llopis revisó los escritos de Matilde Ras publicados en la revista *Estvdio* (1913-1920), refiere que la autora publica sus primeros cuentos, muy variados en cuanto a personajes y escenarios, en 1913[2]. Tanto el primero, titulado *La Primavera*, como el último, *La muerte*, un relato de corte fáustico –dedicado precisamente a su mentora, Victor Catalá–, donde el protagonista juega una tenaz partida contra la muerte, fueron recientemente reproducidos en el libro *El camino es nuestro* (2015), una antología que recoge fragmentos de alguno de los textos literarios más representativos de la grafóloga[3].

MATILDE RAS. LA CARRERA DE UNA ESCRITORA ECLIPSADA POR LA GRAFOLOGÍA

MATILDE Ras, la mayor de dos hermanos fue una niña menuda y apasionada, cuyo atributo más personal era una «suntuosa trenza negrísima» que llevaba peinada por encima del hombro. Una trenza

---

2. Navas Sánchez-Élez, M. V., Ribera Llopis, J. M. (2009): «Matilde Ras (1881-1969). Epílogo lusitano al primer tercio del novecientos», en *Gènere i Modernitat a la Cataunya contemporània: escriptores republicanes*, Barcelona, Universitat Autónoma.

3. *Elena Fortún y Matilde Ras. El camino es nuestro*, eds. Nuria Capdevila-Argüelles y María Jesús Fraga, Madrid, Fundación Banco de Santander, 2015. En este volumen se recogen también cuatro de los diálogos de este libro.

que, rodeándole la cabeza, fue su signo más identificativo durante su madurez.

La autora estuvo estrechamente unida a su madre, Matilde Fernández, prematura y doblemente viuda a la que admiraba sobremanera: una mujer librepensadora, escritora y traductora[4], que la inició y orientó en sus estudios, le inculcó el interés por la lectura y compartió su vida viajera. La familia carecía de un soporte económico estable; pronto el hermano se separó del pequeño núcleo familiar y Matilde se vio obligada a desempeñar distintos trabajos, entre ellos el de dama de compañía. Madre e hija viajaban en función de la naturaleza de sus trabajos hasta que se asentaron en Madrid. Mientras tanto ambas traducían del francés y según diría la joven, las dos eran «... traductoras archiconcienzudas».

Estudiosa de la grafología, consiguió crear en 1911 un «Consultorio grafológico» de gran éxito en la revista semanal *Por esos mundos*. Más adelante colaboró asiduamente en la revista barcelonesa *Estudio* (1913-1920) y publicó en la propia editorial de la revista, dos novelas: *Donde se bifurca el sendero* (1913) y *Quimerania* (1918) además del volumen *Cuentos de la Guerra* (1915).

La escasa repercusión de su obra creativa, le llevó, a partir de 1922, a colaborar asiduamente en el diario *ABC* con su más famoso consultorio grafológico y con otras secciones, como la serie «Nuestras celebridades, por dentro y por fuera» donde la semblanza psicológica deducida por la grafóloga de una muestra de la escritura de grandes figuras de la cultura se acompañaba de excelentes retratos[5].

---

4. Matilde Fernández escribió Concha, *Concha, historia de una librepensadora* (1885) y tradujo *Spiridion* de George Sand en 1889, además de publicar diversas colaboraciones en la prensa de la época.

5. Los retratos de los personajes fueron obra del reputado retratista Daniel Vázquez Díaz (Nerja, Huelva, 1882-Madrid, 1969).

En 1923 recibe una beca de la Junta de Ampliación de Estudios para perfeccionar en París sus conocimientos de grafología que le será renovada dos años después. Durante esas estancias, Matilde Ras, acompañada de su madre, mantiene una rica vida cultural y asiste a novedosas funciones teatrales, a los ballets rusos y a selectas representaciones operísticas.

Instalada nuevamente en Madrid, la autora vive su mejor momento profesional durante la II República: simultanea su trabajo de grafóloga con la actividad periodística, colaborando en publicaciones afines a la causa republicana (*Mujer, Estampa, Crónica*). Sus escritos documentan un talante cauteloso, un fuerte individualismo y una cierta prevención frente al cambio y al desorden. Su participación en actividades sociales fuera de las estrictamente literarias fue escasa. Esta actitud conservadora se acentuará durante la guerra y la postguerra, aunque a lo largo de su vida mantuvo siempre un cuidadoso distanciamiento de cualquier partidismo político.

Durante el tiempo que permaneció exiliada voluntariamente en Portugal en la primera postguerra (1941-1943), Matilde escribió su *Diario*, donde evoca los sufrimientos que padeció durante la guerra civil con la temprana destrucción de su casa en el curso de un bombardeo.

A la vuelta de Portugal, se instala definitivamente en Madrid. Un año más tarde, Matilde viaja a París para recibir un homenaje de los técnicos grafométricos franceses, que contó con la asistencia del presidente de la Societé de Graphologie. Hasta edad muy avanzada continuó carteándose y cultivando amistades, hasta que en 1969 le llegó la muerte «corta y sin aspavientos: la que hubiera deseado»[6].

---

6. Begoña García-Diego, «Adiós a Matilde Ras», *ABC*, 24 de abril de 1969.

No solo la fecha de su nacimiento (1881) y su admiración por la escritora Victor Català permiten situar a Matilde Ras dentro del movimiento novecentista: su abordaje de diferentes disciplinas, su sólida formación intelectual, su atracción por la cultura europea, el gusto por el clasicismo griego y latino y su preocupación por la forma son rasgos que comparte con los miembros de esta generación.

Este volumen recopila veintisiete textos, cuidadosamente escritos, con una prosa precisa y pulcra. En los cuentos, de marcado carácter melodramático, destacan los intensos retratos de los personajes, donde la autora se recrea en la expresión de estados de ánimo y en la fervorosa descripción de ciertos rasgos fisonómicos concienzudamente elegidos. Igualmente destacable es su dominio de distintos registros del lenguaje, cualidad especialmente reconocible en los diálogos literarios.

Matilde Ras dedica estos relatos a una misteriosa *Mademoiselle D…* de la que no se conoce su identidad aunque podría tratarse de la francesa Mlle. Detouche, varias veces mencionada en la correspondencia que la autora dirige a Victor Català en esa misma época en relación con su labor de traductora: «… hace unos días mandé a Mlle. Detouche una densa traducción que me había encargado y espero que me dé otra…». Es precisamente un año después al enumerar sus creaciones a petición de su interlocutora, cuando efectúa la única referencia conocida a estos «cuentos marciales [que] fueron ineludible compromiso». En este punto conviene recordar la importancia que adquirió la opinión de los países neutrales para los diferentes contendientes de la Gran Guerra que emplearon numerosos recursos para inclinarla a su favor. Dado el carácter aliadófilo de estas narraciones –ella misma puntualiza que los cuentos están «inspirados en la desgracia y en el heroísmo de Francia»– no sería descabellado presuponer que con esa intención le hubiesen sido encargados por la desconocida francesa.

La autora adelanta en la propia dedicatoria su falta de pretensiones para afrontar con perspectiva épica una guerra que pronto adquirió proporciones nunca vistas –«… alguna pluma sublime y justiciera las abordará algún día»–. En efecto, estos cuentos no evocan grandes batallas ni heroicas victorias o desastres colectivos: relatan de qué manera la guerra (o incluso la simple noticia de que ha comenzado a librarse) afecta las trayectorias vitales de ciudadanos comunes y desvela heroísmos individuales que en nada afectan al curso de la contienda.

A lo largo de los textos se prodigan las referencias al importante papel de la prensa en una guerra que se libra lejos de los escenarios que habitan los protagonistas de los relatos. Será asimismo la prensa –que en España se esforzó notablemente por mantener informado al ciudadano, ofreciéndole amplios espacios de debate, análisis, crónicas y artículos literarios– la que permitirá a Matilde Ras disponer de una inestimable información sobre los sucesos de la Gran Guerra y no solamente en calidad de lectora. Su trabajo en la revista *Estvdio* (portavoz de la *Societat de d'Estudis Econòmics* barcelonesa y fundada por su hermano, Aurelio Ras, en 1913)[7] le permite seguir atentamente las noticias sobre los acontecimientos bélicos, conocer

---

7. Fue precisamente la editorial ligada a dicha sociedad, Casa Editorial Estvdio, la que editó estos *Cuentos de la Guerra* lo mismo que otros de los libros más significativos sobre la Gran Guerra: *Diario de un estudiante* (1915) y *De París a Monastir* (1917) de Agustín Calvet, «Gaziel».

ensayos de autores españoles o extranjeros y reseñar los libros que se publicaban sobre la guerra.

Seis de estos textos responden al género diálogo literario; otros dos, podrían definirse como evocaciones líricas; el resto son cuentos muy variados en cuanto a escenarios, personajes, técnicas narrativas y puntos de vista. Más allá de los valores literarios serán los sentimientos generados por las guerras, y por esta en particular, como patriotismo, heroísmo, solidaridad y la dicotomía barbarie/civilización lo que dotará de unidad a la presente colección.

La guerra como detonante

Con la excepción de los ocho textos que no poseen estructura narrativa, en los cuentos que aquí se recopilan la guerra afectará de manera decisiva tanto a los protagonistas como a sus familiares y amigos. Precisamente en el primero de ellos, «Patria», el estallido de la guerra y la radical toma de postura que adoptan los españoles –francófilos o germanófilos, esta última filia de talante conservador y sostenida esencialmente por militares, monárquicos, aristócratas y por la iglesia–, con independencia de la orden gubernativa de que el país permanezca neutral, afectará profundamente el futuro de Mlle. Duval que en el verano de 1914 prestaba sus servicios como institutriz en España. La experiencia narrada en este cuento se ajusta a las más recientes investigaciones que demuestran la intensidad con que las filias y las fobias se vivieron en los ambientes familiares españoles[8].

---

8. Véase, por ejemplo, la obra de Maximiliano Fuentes Codera, *España en la Primera Guerra Mundial. Una movilización cultural,* Madrid, Akal, 2014.

En la mayoría de los cuentos, el desencadenante de la peripecia será la movilización forzosa de los jóvenes o su decisión voluntaria de alistarse en el frente. El protagonista de «Avatar», un joven e indolente señorito será inmediatamente destinado a las trincheras de Argonne, «uno de los puntos atacados en apretadas formaciones por el enemigo». El novio de «I promessi sposi» se ve obligado a participar en la primera batalla que libra Italia: el suyo es precisamente «el primer corazón deshecho por una bala austriaca». También es movilizado el tipógrafo que protagoniza «El hombre más afortunado del mundo», que exclama entusiasmado: «Madame Picard... ¡En este periódico me llaman a la guerra!». No todos sobrevivirán; los que regresan, heridos o con licencia, serán recibidos como héroes y ellos mismos expresarán más allá de los horrores vividos, el provechoso efecto que la vivencia de la guerra ha tenido en la maduración de sus personalidades. Esta idealización de la experiencia bélica, fomentada por los gobernantes y mantenida por la mayoría de los medios de comunicación, no tardaría en ser desmentida por los espeluznantes relatos de los escritores movilizados y por numerosos diarios de anónimos soldados, justificando en ambos casos las graves secuelas de los excombatientes. Sin embargo, estos testimonios apenas tuvieron repercusión en el común de los ciudadanos hasta mucho tiempo después.

En «Quand-même» es el hastiado Tillet el que toma la decisión de participar en el conflicto, la misma que adoptará el escéptico Polozzof, ya avanzada la guerra, y el músico Derhaeren de «El mayor sacrificio». En los cuentos «Vencido» y «Plática familiar» son los familiares los que tratan de forzar la voluntariedad de sus jóvenes vástagos.

En los restantes cuentos, los protagonistas se hallan inmersos en un hecho de guerra: «Ícaro» se centra en el relato de un prisionero alemán herido; tanto en el «El monigote» como «En el retiro» el frente alemán avanza hasta alcanzar el territorio donde se asientan las viviendas de sus protagonistas.

Escenarios de los cuentos

El espacio donde se sitúan la mayoría de los hechos de guerra es el frente occidental, fundamentalmente las trincheras del norte y este de Francia, aunque varios de los cuentos tienen como escenario los frentes oriental y central y sus protagonistas son rusos («Polozzof», «Un día feliz») o italianos («I promessi sposi»).

A la zona boscosa de Argonne, muy castigada desde el principio de la guerra, es destinado el joven de «Avatar» que más tarde contará sus experiencias; la peor de todas ellas, más que escuchar los disparos enemigos o el silbido de las granadas:

> … era obedecer la orden de echarse al suelo y permanecer así horas enteras, como un muerto, o andar a cuatro pies, casi rampando, con la necesidad de hacerse invisible a los gemelos prismáticos del enemigo, y guardar el más absoluto silencio para evitar que el micrófono de escucha que recoge una exclamación, un grito a dos o tres kilómetros de distancia no los delatase.

El protagonista de «Antes y después de la guerra» combate en los Vosgos (entre la colina Fontenelle y Launois) y se enorgullece de haber ayudado a conquistar fuertes posiciones: «¡Prisioneros alemanes! ¡a cientos! Fue en julio, en unos hermosos días en que tuvieron el santo de cara. ¡Ah, si siempre hubiera sido así!». Había sido zapador, *sapeur*; y relataba de este modo su dura tarea:

… cómo hacían adelantar las galerías subterráneas, cómo los sombríos túneles se encontraban y se cruzaban, cómo se acercaba a la zapa enemiga cuyas minas oían preparar con sordo ruido los trabajadores. Describía el periscopio, mágico espejo, precioso objeto encantado, en cuya embrujada superficie se reflejaban las escenas lejanas, en miniatura, con una nitidez, con una precisión tan impecables, que hasta se distinguían los mostachos rubios o rojos de los soldados enemigos, los detalles de sus uniformes y las menudas florecillas entre la hierba. Explicaba como rasgaba el cielo una expedición de aviones, proyectando sombras gigantescas sobre el suelo.

Rousset, el tipógrafo, es destinado a las trincheras al norte de Arras. Aunque sin especificar sitio concreto, el narrador de «Rivalidad» se refiere a igualmente a la dureza de la guerra de trincheras:

No en vano se permanece horas y días y semanas, con los pies encharcados, sometido a la inmovilidad y el silencio en las tinieblas, teniendo en frente la muerte, que no se presenta franca, fulgurante y momentánea como en las guerras de otros tiempos, sino que acecha envuelta en aterrador misterio; no en vano sabe un hombre que está perdido por una voz, por una exclamación, por un movimiento a derecha o a izquierda, viendo caer y morir a los compañeros, sintiéndose borracho de sueño y preguntándose a veces sí no sería lo mejor acabar de una vez, dormir bajo la nieve con ese sueño que ningún toque de clarín ni de tambor puede turbar…

La evocación de la guerra en Italia es tan corta como dramática. El otro escenario hace referencia a la gran retirada rusa; cuando Polozoff se alista, las tropas austrohúngaras están a punto de tomar Varsovia: ya ocupaban desde las orillas del río Narew hasta Lublin (22 de julio de 1915) y forzaban la retirada del ejército ruso hacia el norte.

Otros espacios más convencionales, urbanos o rurales, son los enclaves donde residen los protagonistas. Los primeros suelen resolverse con someras descripciones y referencias a los hábitos sociales de sus moradores. Mucho más explícitos son los paisajes rurales donde la naturaleza se recrea con maneras impresionistas. Especialmente notables son las descripciones del enclave toscano donde viven los protagonistas de «I promessi sposi», que la propia autora evoca como si de una pintura se tratase, del jardín del español de «En el retiro» y del romántico bosque que guarda «La tumba solitaria».

Diálogos

En estos singulares textos, verdaderos diálogos literarios, cargados de ironía y de guiños cultos, es donde mejor se aprecia el dominio del lenguaje del que hace gala su autora. Los interlocutores de los diálogos salen de sus particulares realidades al reclamo de la Gran Guerra y se reúnen para mantener encendidas polémicas sobre sus causas, las artes militares, el patriotismo o la neutralidad. Los escenarios de estos textos recrean espacios fantásticos, por más que algunos evoquen lugares míticos (como los Campos Elíseos) o reales (el museo de Prado, Ceylán), para recibir a personajes literarios, alegorías, animales o sombras de hombres célebres.

En el «Diálogo fantástico», Aquiles y Patroclo sienten que el rumor de la Gran Guerra estorba el descanso que juntos gozan en los Campos Elíseos. Ambos amigos, que muestran estar muy al tanto de la literatura de los mortales, discuten sobre la conveniencia de participar en el combate y ayudar al pueblo invadido, en vista de la extrema diferencia entre sus viejos y anticuados pertrechos y las modernas armas y técnicas de combate. La autora alude en este diálogo por boca de Aquiles a una de las razones que los germanófilos esgrimían para justificar la posición alemana: «... los germanos han alcanzado tan supremo grado de perfección que luchan por imponer su civilización».

El conocimiento y la admiración de Matilde Ras por el mundo griego –ya insinuada en su dedicatoria: «... para [abordar] esta nueva Ilíada el mismo Homero es pequeño» y en la descripción de algunos protagonistas (como el joven de «Avatar»)–, se patentiza en este diálogo, donde la especificidad del lenguaje evoca justamente a sus homéricos protagonistas.

También en el «Diálogo irracional», un elefante y un caballo argumentan sobre la dudosa utilidad de la caballería en una guerra donde el acero y los gases asfixiantes se han convertido en elementos esenciales. Este diálogo adquiere progresivamente un sesgo filosófico-didáctico donde el elefante, convencido positivista, ilustra al desalentado caballo sobre la soledad espiritual del hombre de su tiempo.

Wateau y Goya, que se encuentran en el Museo de Prado, contraponen en su conversación los posicionamientos éticos que ambos mantuvieron en su vida y evidenciaron en su arte hasta que comprenden finalmente la analogía de sus posturas en «El diálogo de las sombras». La ética es la materia abordada en el «Diálogo incongruente» protagonizado por dos héroes de la literatura inglesa: Hamleto e Ivanhoe.

En el «Diálogo fantástico», dos personajes del *Quijote* de Miguel de Cervantes «salen» de las páginas del libro para visitar el mundo real: Don Diego de Miranda, el caballero que comparte con don Quijote clase social y generacional y procedencia geográfica (pero no código de valores) y el Ventero, hombre rudo y aficionado a la lectura de los libros de caballerías, que regenta la venta donde sirve Maritornes y en la que permanecen don Quijote y Sancho durante los capítulos 16-17 y 32-46 de la primera parte. La autora somete a la lengua a una eficaz arcaización artística, que también se hace palpable en el resto de los diálogos. En éste, la identificación de los personajes va más allá de la utilización de sus nombres: el Caballero del Verde Gabán utiliza expresiones tomadas literalmente de su personaje: «... perdigón manso [...] hurón atrevido...» y llama al hijo por su nombre. El Ventero, aficionado a los libros de caballerías, refiere que en su venta, durante el tiempo de la siega, algún segador suele leerlos en alto y él mismo los escucha junto con los demás labriegos[9].

La devoción de Matilde por *El Quijote* —«Era quijotista cien por cien»—[10] la compartía toda la familia. Aurelio dedicará a su hermana el ensayo *Reflexiones sobre* El Quijote, donde recuerda las innumerables conversaciones que habían mantenido sobre el «Gran Libro»:

> ... pues de casta le viene al galgo el ser rabilargo. Nuestra madre fue asidua y fervorosa lectora del *Quijote,* y entre los primeros libros que leímos en nuestra infancia estaba aquella antigua edición de Gaspar y Roig, con los conocidos dibujos de Johannot, que, por razones sentimentales, continúa siendo mi predilecta.
>
> Mamá llegó a conocer el *Quijote* como pocas personas. Trabó excelente amistad con don Francisco Rodríguez Marín, cuando ya ambos eran ancianos, sin duda unidos por su común admiración

---

9. *Don Quijote de la Mancha*, Madrid, RAE, 2005, págs. 664 y 321, respectivamente.

10. Luis Martínez Villa, «"Vieille Tilde", Matilde Ras», *ABC*, 10 de mayo de 1969.

hacia Cervantes, y tú seguiste tratando al venerable patriarca cervantista hasta que murió.

Como dan fe los que la conocieron, Matilde, fruto de sus atentas lecturas y de su gran memoria, recitaba textualmente largos fragmentos de *El Quijote*; las citas literales de esta novela o de muchas otras obras literarias de autores tanto españoles como extranjeros se intercalaban en muchas de sus cartas, artículos e incluso en las respuestas a los lectores de los consultorios grafológicos.

Sin duda el más enjundioso es el llamado «El diálogo de los siglos», donde un acabado, pero orgulloso siglo XIX y un joven siglo XX, de solo quince años de edad, debaten sobre el progreso, la filantropía, el armamento, los motivos de las guerras y el pacifismo. La evocación en la voz del siglo XIX de algunos de los logros fundamentales de su historia —el desarrollo científico y tecnológico inseparable del desplazamiento que sufre la religión, la valoración de los bienes legados por culturas precedentes, la revolución industrial (con el nacimiento de su «hijo», el obrero)–, no consigue perturbar a un joven siglo XX todavía ignorante de su sombrío futuro.

Sin pertenecer al género diálogo, el cuento «Plática familiar» se le acerca notablemente por su estructura dialogada. Este cuento resulta particularmente interesante por ser sus protagonistas una pareja de judíos provenientes de Argelia, adonde llega la mujer, nacida en Armenia, huyendo de otros horrores bélicos y a los que Francia termina por adoptar. La gratitud patriótica de ambos chocará con el pacifismo del hijo. No hay que olvidar los rumores que rodearon a Matilde Ras sobre su posible ascendencia judía y la prolongada estancia de su madre en Orán antes de contraer matrimonio.

Apartados también de la estructura tradicional del cuento se encuentran los textos titulados «La canción de los trenes blindados» y «La tumba solitaria». En el primero, son los trenes acorazados los que toman la voz, apesadumbrados de que el hombre haya desvirtuado su originaria misión. Los convoyes blindados, ideados para transportar la artillería fija y para mover las tropas de transporte rápido, reflexionan sobre sus cargas de ida y vuelta mientras recorren los distintos escenarios de la Europa en guerra.

La presencia solitaria de una cruz sobre la tierra apisonada, inspira la corta y romántica meditación que constituye «La tumba solitaria». La estética romántica del texto se ratifica en primer lugar con la cita en francés del poeta Lamartine «*où tous les sons du ciel modulent une voix*», situada en el mismo centro de la evocación y referida igualmente a la contemplación de un bosque de abetos, espacio simbólico romántico por excelencia, a manera de gran catedral que alberga en este caso un sola tumba[11]. Y por si fuera poco, la autora, más adelante no duda en calificar el heroísmo del desconocido soldado como propio de los héroes del poeta romántico alemán Uhtland.

Aunque en el manifiesto novecentista de Eugenio d'Ors se proclama la superación del romanticismo, los *Cuentos de la Guerra* contienen abundantísimos elementos románticos –como en el texto que finaliza esta recopilación, al que acabamos de referirnos– que hacen patente la reconocida admiración que sentía Matilde Ras por

---

11. Así representaba lo «eterno» el gran pintor Caspar David Friedrich. La cita de Lamartine está tomada del fragmento de la segunda época del poema *Jocelyn* (1836).

los más significativos representantes tanto del romanticismo alemán como del francés. Las referencias a Goethe aparecen con asiduidad; ya en el primer cuento, «Patria», Mlle. Duval en su corto soliloquio recurre a uno de sus proverbios para asegurar su autoestima: «*¿Nuestro carácter? ¡Ahí está nuestra conducta!*». La afición por este autor también se manifiesta al revivir a los más famosos personajes de sus novelas: Werther («Los tres alegres…») y Fausto y Margarita («Un caso extraño»). Pero es en el «Diálogo fantástico» a través de las palabras de Aquiles, que confiesa dedicar parte de su tiempo a la lectura de Goethe –al que no duda en calificar como «un semidiós germano, aunque más enamorado del genio griego y del latino que del de su patria»–, donde la autora declara su ferviente devoción. Tampoco falta el homenaje al romántico inglés Walter Scott al elegir a Ivanhoe como protagonista de otro de sus diálogos y al italiano Manzoni, homenajeado en el cuento significativamente titulado «I promessi sposi».

El poeta romántico francés Victor Hugo es objeto también de importantes reconocimientos, que van desde el orgullo que siente el narrador de «Un caso extraño» por haber nacido en Besançon, justo en la misma calle de Victor Hugo, hasta la inclusión de citas textuales. En el «Diálogo de los siglos», Matilde Ras vislumbra los siglos XIX y XX entre los perfiles que el poeta sueña en su obra épica «La leyenda de los siglos» y los personifica: al siglo XIX como la figura de un hombre «ágil y joven [que] va vestido de mecánico y lleva la noble cabeza descubierta», y al XX como un «adolescente equipado como una guerrero actual, cubierto con resplandeciente casco». Por si fuera poco la autora pone en boca de la personificación del siglo XIX, orgulloso de haber propiciado las obras de grandes hombres, dos versos del poema de Victor Hugo «Les feuilles d'automne».

Para terminar esta introducción, no se me ocurre mejor manera que traer a estas páginas un pequeño fragmento de una de las primeras cartas que Matilde Ras dirigió a Victor Catalá (27 de junio de 1904), relatándole el apasionante programa de formación que compartía con su hermano:

[A]prendíamos francés con Racine y Molière y nos volvíamos locos con aquellos poetas colosales de la época gloriosa del romanticismo francés: V. Hugo u (*sic*) Musset; entretanto, mi madre nos atracaba de nuestros clásicos para que ilusionados con otro idioma no convirtiéramos el nuestro en galiparla.

MARÍA JESÚS FRAGA

Esta edición

Para realizar esta edición me he basado en un único texto perteneciente a uno de los ejemplares de *Cuentos de la Guerra*, editado en Barcelona por la Casa Editorial Estvdio (1915). La transcripción se ha realizado con total fidelidad, si bien, se han corregido las erratas, alguna palabra de ortografía anticuada y añadido alguna preposición eludida. Igualmente se han unificado los criterios en cuanto al uso de cursiva y de signos de puntuación y auxiliares. Se ha optado por la parquedad en la incorporación de notas a pie de página, en las que se ha procurado facilitar información complementaria que el texto pudiera requerir para su comprensión por un lector no familiarizado con la época o con las circunstancias bélicas. Para especificar con claridad a qué conflicto bélico se refieren estos relatos y tratando de respetar al máximo el original, se ha optado por titular esta reedición *Cuentos de la Gran Guerra*.

A Mademoiselle D......

«¿A quién mejor que a usted, que fuera de su patria comparte noblemente con ella sus días de duelo, podría dedicar estos cuentos inspirados en la desgracia y en el heroísmo de Francia?

»A usted dedico tan humilde obra en la cual no pretendo ni aun abordar las épicas proporciones que merece el asunto; alguna pluma sublime y justiciera las abordará algún día, aunque para esta nueva Ilíada el mismo Homero es pequeño».

M. Ras

PATRIA

E N cuanto *mademoiselle* Blanche Duval obtuvo su título
de institutriz, escribió a una agencia de Madrid, donde
al poco tiempo le ofrecieron una colocación bastante mal
retribuida para educar a los chicos de dos familias; en total, once
muchachos. Pero no estaba en circunstancias de mostrarse exigen-
te. Huérfana desde niña de padre y madre, vivía a cargo de unos
parientes no ricos que con lastimosa frecuencia le echaban en cara
los sacrificios realizados para sostenerla decorosamente, y la pobre
muchacha ardía en deseos de ganarse la vida por de pronto y más
adelante poder pagar deuda que tan rudamente le pesaba.

Mala suerte tuvo en el *debut* de su independencia. No solo la
explotaban inicuamente, no solo tuvo que soportar humillaciones
de una antigua criada, a quien tuvo la desgracia de inspirar antipatía desde su llegada, no solo algunos de los niños, irrespetuosos y
mal intencionados, le hicieron comer tan amargo el pan, que llegó
a echar de menos aquel otro pan de un hogar donde su corazón no
había hallado calor, sino que para colmo de desdichas, el amo de

una de estas dos familias, un don Juan averiado, dio en dirigirle expresivos chicoleos, y la señora, de una fealdad subida y de carácter horriblemente celoso, empezó a considerarla como a mortal enemiga de su paz doméstica.

No dejó la antigua criada, a quien había desagradado, de encizañar todo lo posible esta difícil situación en que sin culpa alguna se veía enredada *mademoiselle*; y al fin fue para ella cuestión de dignidad despedirse, aunque sola en tierra extranjera y conociendo apenas el nuevo idioma, no sabía adónde volver los ojos. Regresar a su tierra ni siquiera se le ocurrió. ¡Darse tan pronto por vencida! Oír con toda seguridad la vieja cantilena de su tío: ¡Ya decía yo que esta chica no serviría para nada!

Tardó poco en hallar otra plaza, esta vez aún peor; fue a parar a casa de una familia de tramposos, que vivían con gran lujo, a costa de no pagarlo. Allí no eran exigentes ni malévolos; la vida era desordenada y divertida: cada cual hacía lo que le daba la gana y esta ley corría por amos y servidores, por chicos y grandes. El lema era: *¡Antes la cárcel que pagar!* Y les iba tan ricamente, porque aunque algunos acreedores se obstinaban en darles disgustos, ellos no se los tomaban y ¡ancha es Castilla!

La pobre *mademoiselle* hubo de abandonar también esta colocación donde trabajaba sin provecho alguno, y cuyas costumbres chocaban con su probidad y su delicadeza. Siempre animosa y esperanzada, confió en que todo no había de ser eternamente malo, y esta vez no salió defraudado su optimismo.

Por la agencia entró en la casa de los condes de Grantierra, para educar a dos niños, con treinta duros de sueldo y un trato de deferencias y comodidades. Los chiquillos, muy bien educados ya, no sabían nada de francés; *mademoiselle* había sustituido a una *fräu-*

lein, de grandes conocimientos y de una disciplina perfecta para sus alumnos; pero hubieron de despedirla los condes porque empinaba el codo de una manera alarmante.

La joven no se cansaba de dar gracias a Dios por su ventura; los niños le tomaron enseguida mucho cariño; enviaba un tanto mensual a sus tíos que con tal monetario motivo le escribían más afectuosamente que de costumbre; se vistió bien, pues cuando entró en la casa iba asaz derrotada de indumentaria, y pensaba poder pronto empezar a hacer algunas economías, como persona previsora y sensata.

Por si estas venturas fuesen pocas, Dios, que cuando da no es escaso, sea en bueno, sea en malo, alojó en dicha casa, mejor diré palacio, a un sobrino lejano de los señores, joven sin título nobiliario, de hermosa presencia, que iba a terminar en breve la carrera de arquitectura.

Simpatizaron al punto sobrino y huérfana, y la simpatía, aumentando, llevó traza de alcanzar proporciones rayanas en amor; que ambos estaban en edad propicia para ello, y *mademoiselle* Duval, sin ser una beldad, podía gustar a cualquiera con su fisonomía aniñada y afable, su espléndido cutis, su distinción parisiense y su discretísimo trato, donde lucía sin jactancia, juvenil sensibilidad y equilibrado juicio.

No se había aún declarado el futuro arquitecto, ni se podía adivinar cuando sería, ni si aquellas misas pararían al cabo en casorio, secreto y ardiente ideal de la desheredada francesita; pero principio quieren las cosas y aquel principio no podía ser mejor, ni era de mal esperar el fin en tan buenas circunstancias.

Empezó el veraneo y los condes se marcharon a sus posesiones de la Mancha, con el sobrino y con la institutriz. Pareciole a esta que la mayor libertad e intimidad de la vida campestre favorecerían sus aspiraciones, y con esa idea, nadie en el palacio desplegó tanta alegría, tanta actividad como ella en los preparativos del viaje.

La casa, en el monte, como de la Mancha y de tan grandes señores, era amplísima, de solo dos pisos y con uno de esos inmensos patios centrales que recuerdan la proximidad de Andalucía.

Señoras y chicos salían poco de casa por el calor y casi hacían la vida en el patio, adornado de plantas y cubierto por una gran lona móvil que solo se plegaba al ponerse el sol. Allí hacían labor, merendaban, leían, conversaban y tomaban sus lecciones los niños.

Tío y sobrino solían ir de caza y a veces *mademoiselle* no los veía en tres días. Pero no se impacientaba. Mientras los niños estudiaban su lección, ella, cómodamente sentada en su sillón de junco, miraba, por el arco monumental de la puerta del patio, el infinito campo de espigas ya maduras ondular hasta el horizonte como un océano de oro, y pensaba:

—¿Cómo ha de lanzarse a una declaración formal hacia una desconocida muchacha extranjera? Que soy de su agrado no me cabe la menor duda, pero querrá tratarme algún tiempo más, confirmar la buena opinión que seguramente ha formado de mí; y si solo esto espera, mi victoria es segura. No ha dicho Goethe: *¿Nuestro carácter? ¡Ahí está nuestra conducta!* Y como yo me conduzco según mi carácter, sin violentarme, por espontánea manera de ser, no ha de cogerme en ningún renuncio. Solo que se necesita tiempo y eso Dios lo da. Con el tiempo maduran las uvas, como dicen los españoles.

Así filosofaba, llena de confianza en sí misma y en su destino.

Cuando más ajena estaba de imaginarlo, estalló la guerra y su alma se ensombreció súbitamente, en medio de sus risueñas esperanzas, aunque por fortuna o por desgracia no tenía ningún allegado que pudiera ser destinado al combate, pues su tío pasaba de la edad requerida.

Acababa de leer una tarde ávidamente cuantos periódicos había en la casa, cuando se presentaron el dueño y su sobrino, acompañados de tres invitados para ir de caza el día siguiente.

Los criados preparaban la merienda en las mesitas; ocupaba la condesa una con dos invitados, otra el tío y el sobrino con el otro amigo, y muy próxima una tercera mesita se destinaba para *mademoiselle* y los niños.

Hablaba la aristocrática familia de la tremenda guerra con sus amigos; todos, menos el sobrino que merendaba y callaba, se manifestaron francamente germanófilos.

Mademoiselle, muy pálida, guardaba silencio. Cortaba el pan para los niños, casi maquinalmente, conteniendo las ganas de llorar, cuando vio al dueño de la casa, levantar su copa de centelleante Jerez y decir en voz muy alta y enfática:

—Brindo por el triunfo de Alemania.

Mademoiselle se quedó mirando fijamente el grupo; vio levantarse las copas; el sobrino parecía perplejo, pero al cabo, ante una mirada interrogadora y severa de su tío, chocó su copa con las demás, con ademán un tanto indeciso.

—¡Por el triunfo de Alemania! –repitió el invitado sonriendo.

Entonces la institutriz se levantó con súbito arranque, con el pecho agitado y encendido el rostro, y dejando el pan sobre la mesa con actitud resuelta, dijo con voz cuya alteración podía apenas dominar:

—No quiero comer el pan de los que brindan por la ruina de mi patria.

La condesa y su sobrino la siguieron a su cuarto adonde se había retirado dignamente, sin esperar la respuesta de nadie; y aunque le dieron sus excusas y le rogaron que se quedase, nada pudo disuadirla de tomar el tren aquella misma tarde para Madrid.

Y así fue como *mademoiselle* Blanche Duval se encontró por tercera vez en la calle.

AVATAR

—No haga usted ruido, que el señorito duerme todavía.

—¡Pero si son las once!

—No importa. Anoche estuvo trabajando en el piano hasta cerca de la una y tendrá el cerebro cansado... Ahora ha tocado el timbre; corra usted; pregúntele qué quiere para desayuno, desde que el médico nos dijo que es mejor prescindir del café, este pobre hijo no sabe que tomar...

El criado fue refunfuñando a ver qué quería el señorito, que daba a todos una gran tabarra cada mañana con su inapetencia y sus caprichos.

—¡Qué va a tener gana —iba murmurando entre sí el servidor— si anoche cenó como un Gargantúa y recenó como un Heliogábalo, porque se quedó en el salón aporreando el teclado y los oídos del prójimo! ¡Valiente zángano!

Al entrar en el cuarto del señorito, corrigió un tanto su avinagrado gesto, abrió la espaciosa ventana por donde entró a raudales la luz, iluminando una habitación suntuosa, en cuya gran cama

Imperio se incorporaba perezosamente un joven casi demasiado hermoso, un Apolo de rostro todavía un poco infantil, aunque pasaba de los veinte años; frunció el ceño y se llevó una blanca mano a los ojos.

—¡Bruto! —exclamó—. No has de aprender nunca, está visto. ¿No te he dicho mil veces que no abras así, bruscamente, porque la luz me hiere de un modo que me produce el efecto de un fogonazo? ¡Qué desgracia la mía, tratar con semejantes acémilas!

Después pidió té con leche pero antes quiso que le llevasen agua caliente. El criado lo hizo así; el señorito halló que el agua estaba demasiado caliente; añadió el otro una poca fría para templarla y entonces resultó demasiado fría; hubo que volver a la cocina. Luego ya no quería té sino chocolate, y no sabía si levantarse o quedarse en la cama porque le parecía que le dolía la cabeza. Después de mil vacilaciones se decidió a levantarse por no perder la lección de música.

No habían pensado los padres en que estudiase, juzgando su organismo demasiado débil para someterlo a la disciplina de las clases. Él, por su propia vocación, había querido aprender música, en la cual no adelantaba gran cosa, pero se atrevía ya a componer alguna cancioncilla, a cuya audición, su maestro, un viejo bohemio a quien pagaban muy bien, fingía desmayarse de asombro.

—¡Ah! Este discípulo irá lejos… —decía sin chispa de rubor por tan descarada mentira.

Los padres, siempre con temor de mil verdaderos o imaginarios peligros, no permitían al joven apenas ni salir solo de casa, y así había crecido en una ignorancia asombrosa de las realidades de la vida, ingenuo, egoísta, perezoso, un poco aniñado; y físicamente, con una lozanía de hermosa planta regada y cuidada con exquisito esmero.

No veía un detalle a su alrededor que no revelase comodidad, elegancia, cariño; todo era bonito y grato en torno suyo. Había viajado algo con su familia; y él se representaba el planeta como una serie de variadas decoraciones de teatro en que alternaban el mar azul, las montañas nevadas, los animados bulevares, los salones de las fondas exóticas, llenos de extranjeros tan corteses, tan pintorescos, tan alegres de vivir, entre los cuales, de tarde en tarde, como una obra maestra de la naturaleza, veía pasar una de esas bellezas deslumbradoras –una actriz, una señora casada, una *miss* recién puesta de largo...– cuyo recuerdo le dejaba una vaga nostalgia en el corazón y le inspiraba cualquier tontería musical, intérprete de su emoción.

Algunas veces se aburría y entonces gastaba un genio intolerable porque todo le contrariaba y le disgustaba; tenía caprichos insensatos, que una vez realizados no le producían ningún gusto; expresaba sus murrias con esta manifestación:

—Me rodaría por el suelo. Ya no puedo más...

Y cuando su madre, apurada, buscaba remedio a tan triste estado anímico, le preguntaba con la más viva ternura:

—¡Pero hombre! ¿Qué es lo que te sucede? ¿Qué quieres? ¿Qué te podría distraer?

Él replicaba, arrugando más el entrecejo como si los demás tuvieran la culpa:

—¿Lo sé yo acaso?

Los médicos decían: —Los nervios... Le hace falta tonicidad, alimentos fosfatados, ejercicio al aire libre...

* * *

Cuando el joven caprichoso fue llamado a filas, los padres se quedaron aterrados, mientras los criados comentaban el suceso en la cocina, con cierta maligna satisfacción.

—¡Eso no puede ser! –exclamó al fin la señora con la más enérgica resolución–. Mi hijo está enfermo, mi hijo no puede ir a la guerra... ¿no te parece, Victor? –terminó dirigiéndose ansiosamente a su marido.

Este abarcó de una mirada a su hijo, que estaba de pie ante una mesa, con aire entre asombrado e inexpresivo, y cuya estatura casi gigantesca, esplendoroso color, brillante mirada, y perfecta dentadura, distaron de inspirar al marido una gran seguridad de la rotunda afirmación de la dama.

—No sé, Marie, no sé... La apariencia no es mala... De todos modos eso ha de decirlo la inspección sanitaria..., y me temo que allí no sean de tu opinión.

La mamá rompió en compulsivo llanto que los dos hombres no sabían cómo calmar. El joven tuvo una frase de buen sentido:

—Después de todo, mamá, es preferible ir a la guerra por sano, que permanecer en casita por enfermo. Otros van... y vuelven.

—¡Y otros no vuelven! –gimió la buena señora con un nuevo acceso de desesperación, rayana en locura.

* * *

El joven, como es natural, fue irremisiblemente destinado al combate, a despecho de todos los certificados médicos de nervios irritables y de ganas de rodar por el suelo que se pudo procurar la madre.

Allá fue el niño mimado, a las trincheras de Argonne[1], a uno de los puntos atacados en apretadas formaciones por el enemigo. Allá se vio obligado a pasar bruscamente la línea que separa una adolescencia ñoña y acariciada, del máximo esfuerzo y resistencia viriles; allí conoció la vida en su más inexorable rudeza; y allí también los ejemplos de heroísmo, de fraternidad abnegada, de austeridad sin recompensa, la grandeza de ciertos hombres que él, semanas antes, hubiera menospreciado por su vulgaridad y grosería como a seres inferiores, le hicieron avergonzarse de su vida muelle y vacía, de sus necias murrias, nacidas de su misma nulidad. Sintió el deseo, el estímulo y la necesidad de ser un *hombre* más, allá donde tantos otros hombres daban por la patria, sin regatear sacrificios, sus brazos, sus energías, su sangre.

Al principio de entrar en combate, viéndole vacilante y tímido, los *poilus*[2] se burlaban de él:

—¡Lleva el fusil como si llevase una rueca!

—¡Ay, que se le enredan los pies en la maleza y atrapa a una liebre! ¿Te has hecho pupa, pequeñín?

—Mira el amigo que nos pasa toda la cabeza: largo, largo, y maldito lo que valgo.

Pero a despecho de estas burlas, él comprobó con íntimo, con alegre orgullo, que no era un cobarde; vio, ante los hechos, que no tenía miedo; descubrió aún otra cosa en su alma hasta entonces inexplorada, algo que le produjo en su corazón de parisiense aún

---

1. Lugar cercano a Verdún cuya importancia estratégica duró hasta el final de la guerra.

2. *Poilu* (literalmente, «peludo») era el término empleado para referirse al soldado francés durante la I Guerra Mundial en el sentido de «aguerrido», «valiente».

mayor entusiasmo que la seguridad de su valor: ¡tenía ingenio! Cohibido al principio, sobre todo por las ironías que notaba en torno suyo, cuando el primer arranque de coraje, realzado por su fuerza física, le dio derecho a erguir su rubia cabeza de Apolo entre los demás, un impulso de camaradería, el júbilo de sentirse, al fin, *un hombre*, no se sabe qué alborear en los oscuros limbos de su ser, hicieron brotar en él la vena satírica, que excitó más de una vez a su alrededor risas homéricas y el aplauso del coro marcial.

En su rudo aprendizaje de la vida de campaña, lo que le costó mayor esfuerzo –y no era el único a quien le ocurría igual–, más que ir contra las balas enemigas, más que ver pasar las granadas por encima de su cabeza con agudo silbido, fue obedecer la orden de echarse al suelo y permanecer así horas enteras, como un muerto, o andar a cuatro pies, casi rampando, con el paso agachado de tigres en acecho; era preciso, no solo hacerse invisible a los gemelos prismáticos del enemigo, sino guardar el más absoluto silencio para evitar que el micrófono de escucha que recoge una exclamación, un grito, a dos o tres kilómetros de distancia, no delatase a los ocultos soldados, que de pronto, cuando se creían en mayor seguridad se veían asaltados por el fuego de las ametralladoras…

¡Callar, cuando se ocurre un chiste sublime, que le obliga a reír de su propia ocurrencia, tendido de largo a largo, con la cara en el suelo! Y luego, más tarde, cuando pueda hablar, el chiste habrá perdido toda su oportunidad y acaso no se le ocurra en la vida otro tan bueno…

Perdonaba al obús, pero aborrecía a quien inventó el micrófono.

* * *

—No sé cómo a la señora no se le pudren los ojos de tanto llorar —decía la doncella a la cocinera.

—Pero si hasta ahora no se reciben más que buenas noticias... —replicaba esta.

Es verdad; solo excelentes noticias; cartas lacónicas, afectuosas y tranquilizadoras.

—Estoy bueno; todo va bien; no os inquietéis por mí... Ayer estuvimos callados casi toda el día; prefiero verles las caras a los *boches*[3], porque entonces, al menos, puede uno decir lo que se le ocurre...

La madre se tranquilizaba unos momentos y seguía llorando; no había sucedido nada, gracias a Dios, pero podía suceder; y luego ¿cómo soportaría las fatigas de la guerra un niño tan débil, tan delicado, tan sensible?

* * *

¡Cuarenta y ocho horas de licencia! La vuelta del hijo... siquiera por el tiempo de abrazarlo, de extasiarse contemplándolo, de oír su voz, de ver positivamente que está sano y salvo. Circula por toda la casa un aire de fiesta, una excitación de espera solemne... Hasta los criados se alegran. La señora les ha regalado trajes nuevos, el señor les ha dado dinero; ¡el señorito vuelve!

Se preparan guirnaldas de flores para la mesa, donde brillan las mejores porcelanas de la casa, la mantelería más suntuosa ¡una ver-

---

3. *Boche*, apelativo peyorativo que se dio al soldado alemán durante la I Guerra Mundial.

dadera mesa de festín! Se ha invitado al abuelito, que viene desde su retiro de Bretaña, al bohemio profesor de música, a dos amigos del muchacho.

Es un hermoso, un espléndido día de primavera. Las listas de la prensa publican una larga serie de nombres de muertos en campaña, de jóvenes tan queridos como el que va a volver, pero ¡qué importa eso en aquellos momentos al inevitable egoísmo de los padres felices, a su emocionada impaciencia!

¡Ya está ahí! ¡Ya se abrazan madre e hijo riendo y llorando!

El padre, un poco pálido, lo examina. ¡Qué cambiado está! Si es otro… Más delgado, las facciones más viriles bajo la densa tostadura, la expresión atrevida, más fuego en la mirada, más soltura en los movimientos, libres de aquella antigua languidez que caracteriza a los aburridos.

—¡Ah! ¡Pensar que has de volver *allí* otra vez! —exclama la madre derramando su cotidiano torrente de lágrimas.

—¡Felizmente! –replica el hijo con gallarda energía–. Creedme, es lo mejor que me ha podido ocurrir. ¿Qué era yo? Un crío, un muñeco, un calabacín; no, maestro, no me mire usted con ese aire indignado; conozco ya el valor de mis composiciones musicales, entre paréntesis… Con tanto mimo y tanto cuidado –prosiguió dirigiéndose a sus padres– habíais hecho de mí un aprensivo, un aburrido que se quería rodar por el suelo. ¡Ya he rodado y gateado y se me ha cumplido el gusto! ¡Ah, qué bien se aprecia el pan blanco cuando se ha comido galleta con polilla! ¡Qué bien me va a parecer el baño después de haber hecho vida de topo, de haber caído de narices sobre un muerto y de haber pasado por mil miserias! Sí, estoy agradecido a la guerra…

—¡Eres un verdadero héroe! –interrumpió el adulador bohemio.

—No señor —contestó con sincera modestia su discípulo—, pero si no soy un héroe, al menos tampoco tengo nada que reprocharme como soldado y como patriota.

¡Con qué infinito placer se acostó aquella noche en las tersas y suavísimas sábanas de su cama Imperio! ¡Con cuánta bondad dio las gracias al criado que entraba detrás de su madre, llevando un suculento desayuno! Pero no quiso tomarlo sino en la mesa, con toda la familia.

No se enterneció en la despedida y él fue quien animó a los que quedaban con un confiado y alegre: *Au revoir!*

La suerte le protegió también esta segunda vez; no recibió más que una ligera herida en una pierna y fue destinado a Versalles, a un Cuerpo de Administración Militar, donde se curó muy pronto.

Dedicose con alma y vida a desempeñar su puesto lo mejor que podía. Y siempre que se hablaba de la vida en campaña, decía sonriendo:

—Entré en ella niño tonto y salí ciudadano útil. Quise dar algo a la patria, y la patria fue quien me dio buen sentido, actividad, espíritu de sacrificio, fe en mí mismo…

EL MONIGOTE

M<small>I</small> amigo y yo estábamos sentados en la terraza del café X, en París, hace algunas tardes, cuando vimos pasar por el bulevar dos señoras vestidas severamente de negro, con traza de ser madre e hija y cuya distinción y sobre todo, la belleza de esta última, realzada por expresión grave y noble, despertaron vivamente mi curiosidad. Las seguí con la mirada hasta que desaparecieron. Mi amigo las miraba también:

—¿No sabes quién es esa hermosa joven, verdad? —me dijo con ese ligero aire de fatuidad propio de quien conoce una historia interesante—. Es la marquesa de *L'Ile Rocheuse*, recién casada y recién viuda, todo a un tiempo o poco menos, y que ha venido a París para recoger su fortuna que piensa dedicar a un magnífico hospital para heridos… Pero empecemos por el principio, ya que te interesa el asunto.

Hará cosa de un año, a mediados de primavera, me fui a un pueblo del departamento del Norte, donde se disfruta de un panorama encantador y de una temperatura fresca y sana. Estaba dispuesto a pasar allí todo el verano, dedicado a mis trabajos intelectuales, lejos de los ruidos y seducciones de París.

En uno de los puntos más pintorescos se levantaba el castillo del marqués de *L'Île Rocheuse*, quien se había instalado allí pocos días antes que yo, a causa de su delicada salud y con harto sentimiento suyo. Tendría unos cuarenta y ocho años y se acicalaba, teñía, pintaba, y vestía a la última moda, sin conseguir ocultar su prematura decadencia de dispéptico y de insomne; debía haber sido buen mozo, pero entonces, su alta estatura desencuadernada y angulosa y su demasiada visible compostura le valieron en el pueblo el risible nombre de *Monigote*.

Frente al castillo se erguía una casa modernísima, resplandeciente de blancura, rodeada de un parque estilo inglés y habitada por un ingeniero, padre de esta beldad que has visto ahora tan grave y que hace un año era la criatura más risueña y más graciosa del mundo. No necesito decirte que al pobre *Monigote*, ocioso y aburrido, frecuentando la casa de sus vecinos, no le quedaba otro recurso que el de enamorarse de *mademoiselle* Lise. Tampoco necesito decirte que la gentilísima muchacha se rió en las barbas de su adorador de sus pretensiones amorosas, a pesar de su título y de su fortuna. Él, muy digno y melancólico, dejó de visitar a sus vecinos y olvidó componerse, dejando que el gris acero de su pelo brillase bajo la negra tintura cada día un poco más desvanecida.

En esto ocurrió la horrible sorpresa de la guerra. Yo pensaba volver a España y no sé qué extraña curiosidad me retenía...

Enseguida se hicieron comentarios anticipados sobre la conducta del *Monigote*.

—Ese se larga a París antes de que llegue aquí el olor de la pólvora. —Este fue el parecer de todo el mundo. Sin saber a punto fijo porqué, fui de la opinión contraria; a pesar de la frivolidad y coquetería del aristócrata no tenía yo en tan poco su carácter.

En efecto, no hizo ningún viaje. Fue a buscar a sus vecinos –no encontró ya al ingeniero, que se batía en la estación donde encontró la muerte– a mí y a unos cuantos pobres campesinos, que no habían podido o no habían querido huir, y nos alojó a todos en su castillo. También acogió al cura, un viejecito de más de setenta años.

Los alemanes destrozaron la puerta y pretendieron entrar. ¡Amigo! Nos defendimos como pudimos. Pero capitaneándonos a todos, en primera fila, de pie en la escalera, a quien había que ver era al marqués. ¡Por Dios que nadie en aquellos instantes le hubiese llamado el *Monigote*! Defendió la puerta revólver en mano y cuando se le agotaron los tiros, blandía un fusil levantando los brazos como una terrible maza; un fusil que cogió de uno de los ulanos caídos allí mismo. Llovían las balas; era un tumulto espantoso ¡te digo que el marqués parecía un semidiós! Como comprenderás, yo no estaba ocioso en aquel trance, pero no podía por menos de mirarle y admirarle. De pronto le vi soltar el fusil, llevarse las manos al pecho, retirarlas manchadas de sangre y mirárselas con estupor, como si no comprendiera.

En aquel mismo instante oímos galope de caballos, voces en francés, juramentos en alemán, gritos, casi rugidos, una algarabía del demonio; llegaba un batallón francés y solo así pudimos sacudirnos a los invasores.

Pero nuestro pobre marqués se moría; no tenía remedio, declaró el médico y él mismo, con pasmosa calma, lo afirmaba. Lise, a la cabecera del herido, se deshacía en lágrimas. Entonces el marqués, delante de todos nosotros, que presenciábamos la escena silenciosos, le tomó la mano y le dijo que le ratificaba su amor en el umbral de la eternidad, y que esperaba al menos irse de este mundo, sino amado, al menos tampoco menospreciado. ¡Chico, los caballeros de capa y espada no hubieran hecho una declaración más romántica y más emocionada! Era preciso que hubieras visto su expresión y oído su voz, un poco debilitada por el sufrimiento; ¡nunca el idioma francés me pareció tan claro, tan noble y tan simpático! ¡Quién hubiera conocido al frívolo galán de días pasados!

Lise besó la mano del héroe como quien besa una reliquia viva; contestó, sin parar de llorar, que solo suplicaba a Dios que le conservase a él la vida para dedicarle la suya entera, como amantísima esposa, y que le pedía perdón por no haber sabido reconocer toda la grandeza de su carácter.

El marqués replicó: *Voici le meilleur moment de ma vie!*

El médico mandó a todos que le dejásemos descansar. Salimos de la estancia. Lise decía entre sollozos que partían el alma:

—Pero doctor ¿es posible que no haya ninguna esperanza?

No se podía resignar a esa idea.

Abreviando: al día siguiente se casaron en toda regla; el marqués legó a su mujer todos sus bienes. Lise le juró consagrarlos a la patria. Estos caracteres, aparentemente vulgares, adquirían proporciones sublimes. La ceremonia fue verdaderamente dramática. Te aseguro que jamás espectáculo alguno ha despertado tantas emociones en mi corazón, ni el de la acometida de los alemanes cuando nos jugábamos el pellejo.

Y ahí tienes el episodio del casamiento y viudez de esa admirable señora que acaba de pasar delante de nosotros…

DIÁLOGO FANTÁSTICO

En los jardines eternamente floridos del Elíseo, las sombras de Aquiles y de Patroclo siguen unidas en dulcísima e inalterable amistad. He aquí como conversan una tarde bajo la sombra de inmarcesibles laureles.

AQUILES.—¿Duermes, Patroclo, o te altera como a mí ese fragor semejante al de las más rudas tempestades marinas que nos llega del agitado mundo de los mortales?

PATROCLO.—No, Aquiles, no duermo; estoy atento a esos fragores y acaso un terror de muerte helaría mi espíritu, si no tuviese la certidumbre de que estamos al abrigo de las contingencias humanas y de que vemos los toros desde la barrera, como dicen los actuales descendientes de Iberia.

AQUILES.—Siglos hace que el tumulto del mundo no llegaba hasta nuestra serenidad de inmortales, solo dos veces interrumpida. La primera vez ¿recuerdas? fue cuando apareció en Judea aquel dulce filósofo nazareno, de humilde túnica, a cuya muerte empezó el ocaso de nuestros dioses, hoy dispersos en la clara noche de la Belleza, con nuestros nombres grabados al pie de sus pedestales.

PATROCLO.—¿No éramos semejantes a ellos?

AQUILES.—¡Justas son esas orgullosas palabras! Precisamente el mismo Goethe, un semidiós germano, aunque más enamorado del genio griego y del latino que del de su patria, decía que Ifigenia, la hija de nuestro jefe Agamemnon, nos miraba pasar a los héroes, como si las puertas del Olimpo, abiertas de par en par, hubieran dado paso a los de la raza augusta, para enviarlos al terror de Troya.

PATROCLO.—La segunda vez que un viento de tormenta llegó hasta nuestra mansión, haciendo temblar el follaje de los laureles ¿no fue cuando la invasión de los bárbaros?

AQUILES.—Eran los mismos de ahora, sobre poco más o menos. Se dice que entonces vinieron a salvar de la molicie y de los vicios a los pueblos que se degradaban por un exceso de refinada civilización, como degrada la riqueza a un joven débil y ocioso.

PATROCLO.—Bueno estaría eso si hubieran reinado entre los invasores las más austeras virtudes, pero harto sabemos que unida a su rudo vigor físico, a su brutalidad, iba la intemperancia bajo todas sus formas. Y ahora ¿quieren salvar también a los pueblos que invaden a la fuerza?

AQUILES.—Sin duda. Pero ahora por el motivo contrario; los germanos han alcanzado tan supremo grado de perfección que luchan por imponer su civilización y cometen para eso *cien mil insolencias dignas de eterno renombre y escritura*, según frase de un socarrón guerrero de Iberia[1].

---

1. Cita textual del *Quijote*, I parte cap. XXV. La cita en cursiva en el original.

Patroclo.—¡Me confundes! ¿En qué quedamos? ¿Estorba la cultura o precisa la cultura? ¿Imponen la barbarie o van contra la barbarie?

Aquiles.—Pues esos extraños sofismas son los que hacen hervir mi pecho de indignación. ¡Por los dioses, Patroclo, que estoy por invocar el permiso divino para combatir al frente de los aliados, a favor de la justicia y hacer tales estragos en el enemigo que no levante cabeza en diez siglos! Sí; ahora mismo…

Patroclo.—¡Detente, Aquiles! Atiende mi amistad y mi prudencia y no intentes siquiera tomar parte por griegos ni troyanos, quiero decir ni por ni contra los teutones. Bien se ve que no tienes idea adecuada de lo que es esta guerra formidable, o que los gloriosos recuerdos de nuestra epopeya turban tu clarísimo entendimiento. ¿De qué le sirven ya a un héroe, ni aun siendo tan grande como tú, las armas de Vulcano? ¿Qué vale su oro cincelado por mano olímpica ante un grosero, un pesado mortero de 42? ¿Qué tu lanza relampagueante en la batalla, como el rayo de Júpiter en la tormenta, frente a los hórridos obuses, disparados acaso por cobarde mano? ¿Qué tu magnífico arrojo a bordo de las naves británicas, si aún armadas de roble y triple acero, la traición submarina de un miserable átomo humano, las deshace con pavor de Neptuno y te arrastra ¡oh príncipe de los guerreros! a las profundidades de donde no se vuelve? Ni ¿qué podría la nube azul de Venus, para proteger tu vida y tu ejército, contra esas otras nubes asfixiantes y pestíferas de la línea contraria? Huiría de fijo, puestas las manos en las divinas narices y no volvería a salir del Olimpo así te viera hecho polvo.

Atentísimo escuchó Aquiles a su amigo, persuadiéndose poco a poco ante sus buenas razones y notorias verdades. Y como decididamente, de sus ratos de ocio –que debían ser todos–, algunos había dedicado a la lectura del semidiós germano, como había llamado a Goethe, murmuró así, hablando consigo mismo:

—Es verdad... No es aquel mi puesto. *Los fantasmas no deben ir por la tierra verde y hermosa.* ¿Qué harías tú allí, fantasmón? Ellos vencerán sin ti...

I PROMESSI SPOSI

En cualquier día del año en que el viajero se detuviese ante el grandioso panorama toscano, en uno de cuyos repliegues se agrupaban las casas del pueblecillo N..., podía descansar la mirada como en el más risueño y pintoresco paisaje del mundo; ya la nieve encapuchase las montañas y cubriese los tejados, y las nieblas ascendiesen del Arno, en el valle, como un tenue encaje; ya la primavera o el verano bordasen los festones de sus viñedos y dejasen caer graciosamente sobre las tapias de los huertos las guirnaldas de sus arbustos y pusieran en cada enramada el bullicio de nidos nuevos; ya el otoño matizase la tierra con la espléndida policromía de sus decadencias y diese una serenidad divina al cielo...

El pueblo, situado en una vertiente, con sus senderos rampantes entre rocas, su lozana vegetación que casi ocultaba las casas, la fina torre de su iglesia dibujando su campanario sobre el cielo áureo o azul, producía la impresión de un lugar de idilios, de una decoración de ópera bucólica, de un gentil poema cuyas estrofas tuviesen por palabras casitas campesinas, árboles de retorcidos troncos, manantiales al pie de rocas musgosas, valles verdes, cimas nevadas, negros bosques, labradores que van o vuelven del trabajo cantando, niños zagales detrás de blancos rebaños, risas de muchachas que se llaman en los caminos por sus nombres, los nombres más dulces y sonoros inventados por humana lengua…

Las líneas y el colorido de ese paraje hubieran inspirado un cuadro a un viajero pintor; su expresión de encantadora placidez, estrofas a un poeta; sus apacibles rumores, canciones a un compositor; el conjunto y los detalles, la tonicidad del ambiente y la amplitud luminosa, hubieran desarrugado el ceño al más melancólico y hecho rebosar de júbilo, como copa de espumoso vino, un corazón ingenuo y dichoso.

Tal era la decoración; veamos ahora los personajes.

* * *

En el mezquino interior de una de estas casas, una mujer se moría en angosto lecho, desde cuya cabecera, un cromo de la *Madonna* parecía dirigir una mirada de misericordia sobre los sufrimientos humanos.

Al hijo, un muchacho de diez años, se lo habían llevado unas vecinas, y la moribunda, instigada por los terrores del infierno, arraigados en su cerebro como una densa y espinosa vegetación, a solas con su marido, le confesaba con penoso esfuerzo que el niño no era hijo suyo, sino de aquel capitán florentino que fue a convalecer de unas fiebres al sano pueblo… El hombre escuchaba inmóvil, con los codos sobre la cama y la cabeza entre las manos.

Ella solicitó su perdón, elevando ansiosamente las pupilas ya vidriosas hacia aquel rostro donde no había luz ni bondad, sino un estupor perplejo, y esperó, sintiendo en aquel corazón que pronto iba a dejar de latir las últimas convulsiones del drama íntimo de su vida.

El marido hizo un gesto vago, un ademán de hombre aturdido e indeciso, que en realidad no significaba nada.

La moribunda lo interpretó favorablemente y entró en paz en el misterioso reino de la muerte.

*　*　*

Mejor hubiera sido que la infiel se llevase a la eternidad su infame secreto, confiado solo con el fin egoísta de libertarse del terror del infierno, sin pensar en el porvenir de su hijo, a quien desde la muerte de la madre, miró el campesino con profunda aversión. Un momento pensó el ultrajado en vengarse del padre, pero... No es aquella la región de la *vendetta*, y buscar al militar hubiera costado tantos pasos, tantos esfuerzos, un dinero que no tenía, el abandono de sus intereses en el pueblo... ¿quién sabía dónde paraba? ¿En Florencia, en Roma? Y luego ¿para qué? La mujer había muerto y en la memoria del seductor ¡sabe Dios cuantos años haría ya! El viudo –uno de esos mezquinos seres que viven en la limitada hora presente sin una lágrima de nostalgia para el pasado, para lo que termina– hubiera olvidado también, pero aquel Pietro vivo y alborotador, aquel hijo ajeno a quien su avaricia se indignaba de alimentar y que por respeto a la opinión del pueblo, se veía obligado a tener como hijo propio, le enconaba la herida abierta en el corazón;

todo su odio se reconcentró sobre aquel ser indefenso sobre cuya cabeza inocente se amontonaron en un día todas las negruras de la orfandad: la pérdida de la madre y la repentina hostilidad de quien era ya su único amparo en la tierra.

Desde entonces comió escaso y duro el pan y nunca más volvió a recibir en el hogar una palabra cariñosa ni una mirada compasiva; su ligero corazón plegó alas como un pájaro enfermo; y su alegría de niño, que antes florecía en risas locas, se marchitó como un arbusto plantado en un rincón sombrío, adonde no llegasen nunca ni el sol ni el agua.

*   *   *

Para colmo de desdichas, el hombre se volvió a casar con una ruda y áspera campesina, que si no aborrecía a Pietro, por lo menos su mejor sentimiento hacia él era la indiferencia, pues antes le daba un grito o le dirigía una injusta represión que una palabra buena.

Otros hijos llegaron al hogar y entonces el desheredado de todo afecto vio la rudeza de su madrastra convertida para ellos en la más suave dulzura, que en el misterioso alambique de la sensibilidad humana, destilaba hiel sobre aquel infortunado corazón. Hubiera él puesto de buen grado su amor en aquellos niños más felices; pero los padres, creyéndole siempre animado de las peores intenciones, le impedían hasta cogerlos en brazos; toda culpa era siempre suya, toda gracia de ellos.

*   *   *

Por quitarle de su presencia y por obtener alguna utilidad, el matrimonio puso a Pietro a pastorear una docena de ovejas y le enviaban todo el día al monte, con un triste mendrugo, que él se comía en la soledad, quedándose con hambre, pero con la oscura resignación de un animal desgraciado.

Cobró infinito cariño al mastín, único ser que le correspondía en el mundo; y era conmovedora algunas veces la profunda, la leal mirada que cambiaban el perro y el niño, cuando este, después de compartir la mísera ración con él cogía su noble cabeza con ambas manos y buscaba en sus pupilas esa claridad ignota que se llama simpatía y sin la cual la existencia es más triste que para los que viven sumidos en las tinieblas eternas de la ceguera.

* * *

Por melancólica y solitaria que fuese su vida con este oficio, era la libertad y la prefería a permanecer en casa; se volvió adusto, siempre silencioso, casi selvático; no obstante sentía cierto instinto de refinamiento y delicadeza mal avenido con las costumbres montaraces; le gustaba ir limpio; no llevaba jamás costra en las manos, como los demás pastores. Se procuró con mil trabajos una cartilla y aprendió a leer él solo. Agradábale tenderse sobre el afelpado musgo y dejar volar por los ámbitos luminosos del paisaje una mirada contemplativa y soñadora, con el oído atento al rumor del torrente entre los peñascales o del viento entre el follaje.

Tenía sus predilecciones, como un amante o como un poeta. Llamaba su *palacio* a un bosque de pinos, cuyos troncos se erguían altísimos y rectos, semejantes a una vasta columnata; nunca volvía a su casa sin atravesar por allí; ilusionado cada tarde viendo como el sol poniente pintaba una barra de oro a lo largo de cada tronco y tendía en el suelo sus fajas de luz y sombra temblorosas sobre el césped.

Así llegó a los dieciocho años. Bien alimentado y un poco más feliz hubiera sido hermoso, pero crecido entre las privaciones, flacucho y de expresión huraña, nadie lo consideraba como tal, a pesar de su fino perfil, de sus negros ojos llenos de fuego y de la esbeltez ágil y firme de su silueta. Por eso todo el mundo quedó sorprendido, cuando un par de años más tarde, se atrevió a requerir de amores y fue aceptado por la hija de un labrador rico, la hermosa Marietta, partido codiciado por los mejores mozos del pueblo.

Hacía un año le habían sustituido en su oficio de zagal los otros hijos del matrimonio y a él lo habían puesto de criado y oficial en la herrería, donde ganaba algo que desde luego le exigían sus codiciosos explotadores y que él entregaba sin chistar, habituado a sufrir pasivamente la tiranía y la injusticia. De la vecindad de ambos jovenzuelos nació el amor, y del amor el atrevimiento, y de la pobreza del novio, el enojo del padre, que se opuso resueltamente a aquellas relaciones, pero Marietta era una de esas muchachas que bajo una apariencia apacible y sumisa, ocultan una indomable voluntad que en alas de la pasión remonta todos los obstáculos; y con tranquila firmeza, su amor desafió la opinión del pueblo, desafió a su padre, desafió a los despechados galanteadores; y cuando lograba ver a Pietro a escondidas, unos momentos, le decía, sonriendo:

—Si casi me alegro de esas dificultades, para poderte dar una prueba de lo que te quiero…

Él la miraba extático, sin saber que contestarle, aturdido de felicidad, con un tumulto de emociones que no le cabían en el pecho, desconociéndose a sí mismo como si fuera un hombre nuevo, como si se hubiera dormido una noche mísero mendigo y hubiera despertado príncipe poderoso…

La campesina era realmente una belleza; en su frente pequeña y tersa, en el óvalo perfecto, en los magníficos ojos de un gris de acero llenos de luz, sombreados por densas pestañas, en la fresca palidez del cutis, en todas las actitudes del bien modelado cuerpo, brillaban la dulzura y la voluptuosidad italianas, un encanto mitad angélico, mitad felino, capaz de volver tarumba a un santo de piedra.

* * *

—El padre de Marietta —oyó decir Pietro a alguien en el pueblo— está enfermo, con fiebre…

Pocos días después, le repitieron:

—El padre de Marietta está grave.

Hacía más de una semana que no había podido hablar con ella. Aquella tarde —una triste tarde de febrero, en que el cielo estaba sombrío— la vio en la ventana y se plantó de un salto en el banco de piedra, desde donde empinándose un poco, quedaban las dos cabezas casi a nivel. La vio tan demudada, con los ojos tan enrojecidos, que se asustó.

—¡Por Dios, Marietta! ¿Qué pasa?

—Lo peor para nosotros, Pietro: lo peor que podía sucedernos —contestó ella en voz baja, alzando los ojos brillantes de lágrimas…—. Mi padre está muy malo; mi padre se muere… Y yo, Pietro —añadió con palabras entrecortadas por los sollozos—, ya lo sabes; viviendo él… mi vida vale tanto como la suya y no he de sacrificársela, pero si se muere… que se vaya al otro mundo sin darme su bendición, renegando de mí, condenándose quizá por mi causa... eso no, Pietro; mejor quiero jurarle que renuncio a ti... por obedecerle... ¡y cumpliré mi juramento!

Pietro, lívido, sintiendo que toda la nieve de los Apeninos le congelaba el alma, callaba, turbado y confuso; de pronto se desprendió de sus ojos un raudal de lágrimas. ¡El mudo adiós a la felicidad!

—Marietta ¡espera! –dijo al fin cuando pudo hablar–. Tu padre se salvará... ¿por qué ha de morir? Voy ahora mismo a pedirle a la *Madonna* que viva... pero no te apresures a prometerle nada aún...

La muchacha movió la cabeza con aire profundamente desalentado.

—No tiene remedio, no... ¡Dios lo ha dispuesto! Y no quiero que se lleve una espina en el corazón por mi causa...

Luego, con súbita resolución, se quitó de la ventana, diciendo al desesperado mozo:

—Ayúdame; no te vayas.

Y cerró la ventana tras de la cual Pietro oyó como sus pasos ligeros se perdían en el interior de la casa.

* * *

Pasó un cuarto de hora, media hora, una... ¿qué sabía Pietro cuánto tiempo pasaba? Su cabeza ardía; la desesperación le entenebrecía el alma invadida por oscura noche, donde a lo mejor brillaba y se ocultaba el astro de una esperanza efímera. Se arrepentía de no haber detenido a Marietta por un brazo y haberle dicho:

—No, no harás esa promesa insensata… ¿por qué ceder nuestra felicidad a la obstinación del viejo? Él es lo que se va, lo que acaba, y nosotros somos la juventud, somos la vida, somos lo que se queda…

O bien podría haberle dicho:

—¡Marietta, ten lástima de mí, he sido siempre tan desgraciado! ¡Si yo fuera para ti todo lo que tú eres para mí, es imposible que renunciases a nuestro cariño por ninguna consideración de este mundo ni del otro! Yo me condenaría por ti, consentiría en arder por los siglos de los siglos antes que decir: ¡no la quiero!

Y entonces Marietta se hubiera enternecido y todo estaría arreglado. ¡Y la había dejado irse tan estúpidamente! Sí, él tenía la culpa, y ahora ya no habría remedio; quizá en aquel momento estaba haciendo el inexorable juramento…

Y Pietro, incapaz de permanecer tranquilo, iba y venía ante la cerrada ventana, con paso desigual, arrastrado por el interior oleaje de sus sentimientos.

Un instante cruzó las manos con religioso ademán y levantó los ojos anegados de llanto hacia el sombrío cielo:

—¡*Madonna*, no consientas el sacrificio! ¡No es bastante que me arrebatases a mi madre y me dejases con un padre que me aborrece!

En aquel momento se abrió la ventana.

* * *

Pietro y Marietta cambiaron una profunda mirada; la de él de interrogación ansiosa; la de ella, tranquilizadora al través de las lágrimas.

—Da la vuelta a casa –dijo la muchacha–, abriré la puerta: mi padre te llama.

Pietro tuvo un sobresalto, pero obedeció sin replicar, como un autómata. Pensó que se había equivocado respecto de la significación de aquella mirada y que seguramente lo llamaban para leerle su sentencia de muerte o algo así.

Cuando llegó ante la puerta estaba ya Marietta en el umbral.

—Oye –dijo en voz baja y precipitada, donde se traducía la agitación de su alma–: mi padre se ha enternecido con mi promesa y no la ha aceptado; dice que no quiere dejarme una herencia de penas; que te admite; que entres…

Pietro recibió tan violenta impresión que casi le flaquearon las piernas.

—¡Gracias, *Madonna*! –pudo decir al fin llevándose la mano al pecho con un ademán de fe. Creyó que un milagro había sido realizado por él y siguió a Marietta con la misma confianza con que los fieles de la leyenda siguieron a Jesús andando sobre el mar.

El aposento, ya oscuro, donde yacía en una amplia cama el campesino enfermo, estaba lleno de gente, la familia, vecinos, el médico… Todos dejaron paso a Pietro, mirando curiosamente aquel semblante pálido de emoción y en el cual una vida de sufrimientos había impreso una gravedad prematura. La nobleza de su continente, las dramáticas circunstancias en que entraba por primera vez en esta casa, la emoción que realzaba la hermosura de Marietta, aquella tardía magnanimidad del casi moribundo, impusieron un silencio lleno de respeto a todos.

—Acércate, hijo mío –ordenó al joven el árbitro de su destino.

El enamorado se acercó temblando y cogiendo la áspera mano que lo indultaba de la desaparición, la besó repetidas veces, entre lágrimas y contenidos sollozos.

—Mi hija –explicó el enfermo– es rica para los dos; no esperéis a casaros a que tu situación mejore.

Hizo que ambos prometidos se dieran las manos en su presencia y añadió, con un suspiro.

—Hubiera querido asistir a vuestra felicidad, pero Dios querrá que presencie vuestras bodas desde el cielo…

* * *

Murió una semana más tarde. Pietro lo acompañó una mañana, aún fría y desapacible; pero las violetas brotaban en el humilde cementerio y un suave y tierno verdor empezaba ya a cubrir la desnudez de los montes.

Pietro lloró de rodillas sobre su tumba recién apisonada, pero en su corazón florecían las esperanzas de felicidad, como los almendros antes de que se derriten las últimas nieves.

* * *

La madre de Marietta había dicho:

—Os casaréis a principios de verano. Entre tanto Marietta se irá haciendo el ajuar. Pietro podría dejar la herrería y cultivar los huertos que mi hija lleva en dote, ya que quien los trabajaba se ha ido a cuidar el jardín de los ángeles…

¿Era aquello un pueblecito italiano, un rincón de la tierra, del *valle de lágrimas*, o era el Paraíso? *I promessi sposi* hubieran contestado esto último. ¡Hermosa primavera! Cada mañana traía nuevas flores y nuevas alegrías, cada día era una estrofa más del mejor de los poemas ¡el poema de la felicidad!

* * *

¡La guerra! Es imposible…. Despertad al enamorado de esta trágica pesadilla. ¡Le faltan solo dos días para casarse! ¡Veinte millones de combatientes! ¿Qué le importa a Némesis un hombre más? Dejadle. Toda la vida fue doloroso calvario y ahora es un niño dichoso. ¿Qué le han hecho a él esos austriacos, esos alemanes, contra los cuales ha de ir a combatir? Él no los odia; acaso algunos tengan novia y sea también para ellos la primavera una promesa, una bendición divina, un himno angélico…

* * *

Ya lejos del pueblo, en lo alto de una colina, antes de que desapareciese ante sus ojos para siempre, se volvió a mirarlo; vio la casa de Marietta, las riberas frondosas del Arno, por donde tantas veces había paseado con ella… y dio una vez más su *adiós* al Paraíso Perdido.

* * *

El primer corazón italiano deshecho por una bala austriaca, fue el de Pietro.

* * *

Cuando al llegar la fúnebre noche, los italianos recogían a toda prisa sus heridos, el coronel –un hombre alto y elegante, de negros ojos, de aire un tanto cansado– llamó a dos de la Cruz Roja.

—Aquí hay otro herido –les dijo.

—¡Oh! –replicó uno de ellos después de examinar el cadáver de Pietro–. A este ya no le hace falta nada, como no sean algunos palmos de tierra.

El coronel contempló unos momentos, a la claridad lunar, aquella faz serena y lívida.

—¿De dónde sería este chico? –preguntó con aire pensativo.

—Del pueblo de N… mi coronel –contestó un sargento.

Entonces el coronel se acordó repentinamente de cierta aventura amorosa que le ocurrió en ese punto, cuando fue, de capitán, a convalecer de unas fiebres, hacía veinte años…

No se le ocurrió deducir nada de estos recuerdos, pero se inclinó sobre el muerto con involuntaria simpatía y besó su frente glacial, aquella frente sobre la cual se había ensañado el destino y que no podía sentir ya la dulzura del primer beso de un padre.

QUAND MÊME

Huérfano y rico, de salud endeble, sin los poderosos estímulos del amor ni del estudio, Henry Tillet arrastraba una existencia frívola y vacía; demasiado sensible e inteligente para hallar satisfacción en ella, y demasiado débil para variar su rumbo, había continuado así hasta los veintisiete años, sintiéndose a veces roído por la conciencia de su inutilidad.

Su gentil cabeza, de un rubio pálido y sedoso, como el bigote, su tez de una blancura delicada, sus facciones incorrectas pero agradables en conjunto, su mirada soñadora, su esbeltez un poco frágil, como la de un adolescente, su amena conversación que solía decaer al poco tiempo, deprimida por íntima melancolía, todo hacía de él uno de esos hombres que inspiran simpatía pero que se olvidan fácilmente como esos viajeros que conquistan el efímero afecto de sus compañeros de un día.

Agradábale considerarse a sí mismo, en efecto, como un viajero de la vida que no se hubiese fijado ni en un hogar seguro, ni en una vocación decidida, ni en un ideal constante. Pero empezaba a cansarle la monotonía de su viaje donde, por no haber, ni aún tempestades había; su fortuna, bastante considerable, poniéndole al abrigo de las necesidades, le dejaba conocer el hastío, esa hiel, como escribió con gráfica frase Jorge Sand, vertida en todos los manjares.

Al declararse la guerra, cruzó por su espíritu ensombrecido el fulgurante entusiasmo de quien halla de súbito su propia vocación y su razón de existir. ¡Combatiría contra la invasión enemiga, sería un grito más en la inmensa epopeya! ¡Oh, qué ventura, dejar de ser un melancólico inútil, sentir acelerarse en su pecho aquel corazón a quien el destino no había concedido la felicidad del amor, con ese otro amor más grande y más desinteresado, el amor a la patria! ¡No haber sido nada y poder ser un héroe! ¡Trocarse de un ocioso que pasea y se aburre en un soldado que combate en la guerra más transcendental que han visto los siglos!

Había sido siempre aficionado a lecturas históricas y amante de las glorias patrias; muchas veces su romántica imaginación juvenil había suspirado por la época napoleónica, pareciéndole la actual, vulgar, aburguesada, sin relieve. ¡Y ahora se transformaba en heroica, en marcial como ninguna!

Henry confió su proyecto a algunos amigos, esperando encontrar en ellos animador aplauso; pero se quedó frío al oír en todos en vez de calurosa aprobación, reserva o francas contradicciones.

—¡Pero hombre, con tu fortuna, acostumbrado a la buena vida!

O bien:

—Ya te llamarán si te necesitan ¿a qué precipitarse?

Otro le dijo:

—Yo en tu lugar esperaría el giro de los acontecimientos.

Y el último, el mejor de sus amigos, a quien él, descorazonado, interrogaba con mirada ansiosa:

—Si sigues mi consejo, no harás semejante disparate. Eres un niño grande que quiere jugar al heroísmo… Ya de chiquillo tenías esa manía en nuestros juegos. ¡Como si el valor personal sirviera de algo en estos tiempos en que combaten las máquinas, no los hombres! Aquiles en esta época hubiera perecido como una rata… Nos formamos una idea falsa de la guerra: en cuanto se pronuncia esta palabra, la imaginación, llena de reminiscencias literarias y pictóricas, evoca el tumulto de la batalla y se ve uno a sí mismo ¡no faltaba más! destacándose del grupo —¡el héroe surgiendo de la oscura multitud vulgar!— tremolando una bandera y cayendo teatralmente envuelto en sus pliegues… Muy bonito, querido Henry, pero ni parecido a la realidad; en la guerra no existen solo las batallas; hay días de cansancio por las marchas, mala alimentación, falta de sueño, suciedad, un reumatismo que se exacerba o el estómago que funciona mal, lo cual no es tan poético como una herida del enemigo, hasta aburrimiento, cuando es forzoso permanecer horas y horas bajo tierra, como gazapos… Y tú no sirves para estas cosas; eres demasiado refinado; no eres fuerte…

—¡Pues me alistaré! —interrumpió el pobre soñador con los ojos húmedos por lágrimas de despecho, y debatiéndose contra todos los que trataban de arrancarle a tirones las alas del corazón— ¡Seré soldado y podré decir de todos los que no se han conducido como yo, que son unos cobardes!

Viéndole tan enojado y tan resuelto, los amigos callaron sin darse por ofendidos por esta ilusión injuriosa, nacida de la amarga contrariedad que le habían producido. Conocían su carácter benévolo y afectuoso, incapaz de dirigir a sangre fría una frase ofensiva sin haber sido provocado.

Él, sin vacilar un instante, lleno de fe en sí mismo y rebosando de ardientes ideales, corrió a presentarse aquel mismo día ante las autoridades militares, que lo sometieron a la inspección sanitaria.

Un espectador poco atento que lo hubiera visto entrar con aire tan erguido y resuelto, y más tarde hubiera observado la figura inclinada al suelo, de faz lívida, que salía con lentos pasos como si todos los caminos del mundo le fueran ya indiferentes, quizá no le hubiera tomado por el mismo hombre. Anduvo largo trecho maquinalmente y se dejó caer en un banco, bajo la sombra de un gran árbol que parecía tender su protector dosel de follaje sobre aquella aflicción infinita.

El desgraciado había sido eliminado del servicio militar por tuberculoso; acababa de recibir dos heridas en lo más profundo de su sensibilidad; él ignoraba su enfermedad mortal y le había sido revelada de improviso con tan espantosa realidad, como podría ver abierto a sus pies un condenado a bárbaro suplicio, el negro abismo donde sus verdugos van a despeñarlo. Sentía en su trémula carne el instintivo terror de la muerte, un frío medular que le invadía hasta las extremidades.

Después otro dolor más generoso mordió su corazón de patriota. ¡No podía servir en el ejército! Entonces comprendía la intención piadosa de sus amigos al querer disuadirle de su plan… Y mientras iban y venían por su mente mil tenebrosos pensamientos, miraba las móviles sombras del ramaje sobre la arena como si allí estuviera escrito, en misterioso lenguaje, el oculto *porqué* de su desventura.

* * *

A los dos días, sus amigos quedaron dolorosamente sorprendidos ante la noticia del suicidio de Henry, de un tiro en la sien, en su domicilio. Sobre una mesa escritorio, el juez encontró su testamento, hecho en toda regla, y en un bolsillo de la americana que llevaba el suicida, la siguiente carta:

> No se culpe de mi muerte más que a mi destino. Lego toda mi fortuna para pensionar a los inválidos franceses de esta guerra, en la forma consignada en mi testamento. Se me ha eliminado del servicio militar, pero no se me puede impedir que dé mi inútil vida por la patria, con el fin de legarle cuanto poseo. ¡Viva Francia!
> Henry Tillet.

Conocida es la particularidad de que la escritura de los suicidas desciende en la página, guiada por la profunda depresión de tan trágico momento; las líneas transcritas descendían también, pero la última frase y la firma se abiesaban hacia arriba, con un movimiento firme y valiente, como si el nombre del generoso patriota, unido al sagrado nombre de Francia, quisiera escalar, en alas de su sacrificio, las cimas de la gloria.

LOS TRES ALEGRES CAMARADAS

G ANARSE la vida con la cabeza, no es cosa muy rara; pero ganársela con la cabellera únicamente, por espléndida que esta sea, ya es más extraordinario.

Este era el caso de los dos hermanos Harris, que a los trece y quince años respectivamente, iban por las calles de Londres, en un carrito muy cuco tirado por un perrazo belga, ostentando un anuncio para hacer brotar y crecer el pelo y como ejemplo evidente sus hermosísimas cabelleras rubias, donde el pálido sol británico ponía trémulos matices de color cerveza, con suavidades de seda viva. El oficio no era muy lucrativo, pero al menos no servían de carga a su madre, pobre viuda que trabajaba en una fábrica, y hasta la ayudaban con un tanto cada semana, después de estar mantenidos por la empresa anunciadora.

Estos fueron los humildes comienzos del célebre *clown* Harris y de su hermana, cuya sola exhibición aseguraba los llenos en cualquier circo americano o europeo.

Pero a despecho de salto tan fantástico de la miseria a una vida rodeada de esplendor y de comodidades, a pesar de los aplausos que cada noche celebraban la hermosura de la hermana y la gracia del hermano, Harris no estaba contento. Era orgulloso y no vano, y en lugar de entusiasmarse con su brillante y vacía gloria de payaso, su dignidad susceptible se sentía herida como por una censura universal.

Tenía ensueños ambiciosos e irrealizables. Si la desgracia consiste, como se ha dicho, en la desproporción entre la realidad y las aspiraciones, Harris era el hombre más desgraciado del mundo.

Él confiaba sus sueños a su hermana, con quien hacía muy buenas migas, no quedándole ya otra persona allegada en el mundo, pues la madre había muerto sin alcanzar a ver la gloria circense de sus hijos.

—¡Hacer reír! –se lamentaba– ¿Qué peor destino?

—El de hacer llorar –contestaba *miss* Harris filosóficamente–. ¿No es bueno divertirse? ¿No es una cosa que desea todo el mundo? Nosotros divertimos, luego somos útiles.

—¡Sí! –replicaba él sin convencerse–. Somos los bufones de una terrible Majestad. ¡Su Majestad el Público! Nos aplauden, pero también aplauden a los perros y a los monos por iguales méritos. Yo divierto, pero me aburro; yo hago reír, pero me devora la melancolía; me pagan, pero me desprecian… ¡Ay! A veces, cuando represento el *Suicida Grotesco*, me dan ganas de sustituir el arma de madera por un puñal verdadero e hincármelo en el corazón…

Su hermana, dotada de una sensibilidad ruidosa de chiquillo, rompía en lágrimas, en sollozos y en gritos, hasta que él, para calmarla, prometía y hasta juraba que no llevaría jamás a la práctica tan fúnebre proyecto. Sin embargo, no cejaba en su rabia contra el *clownesco* destino.

Otras veces decía:

—¡Si yo fuera rey! Yo no me conformaría con ser un rey de esos que se exhiben en las revistas militares, que echan cuatro firmas, que viajan y se divierten… no; yo haría alguna que fuera sonada y sería un personaje histórico; pasarían los siglos y todavía los pobres chicos de aquella futura generación se tendrían que aprender mi nombre y la fecha de mi muerte… ¡Esa gloria sí es envidiable! ¿Quién se acordará del pobre *clown* cuando haya ido con sus payasadas al otro mundo? ¡Ah! Nuestro destino ha sido siempre duro… Si de chicos hubiéramos sido pelones, nos hubiéramos muerto de hambre seguramente.

Como en público se desconocía esta faceta del carácter del payaso inglés, se le designaba juntamente con su hermana y un compañero circense, bajo el mote genérico *Los tres alegres camaradas*. El tercer *alegre camarada* era un tipo no menos original que los hermanos ingleses. Se trataba de un marquesito español, que en el circo de Parish, de Madrid, se enamoró románticamente de la londinense de la hermosa cabellera. Envió una declaración y no obtuvo respuesta, insistió y que si quieres; resolvió seguirla en su *tournée* europea y sus padres viendo tamaña locura, dejaron de enviarle dinero. No desistió de su loco deseo y cayó en las garras de la usura; este producto se agotó pronto; como algunos acreedores acudieron a los padres del enamorado viajero, estos lo amenazaron con llevarlo a Santa Rita u otro feroz castigo, si llegaban hasta ellos más nuevas de sus desastres económicos. Entonces el joven tomó un partido heroico: se hizo payaso en la misma compañía de la causa de su tormento.

Los diálogos entre el español y el inglés, el contraste de ambos ingenios, fueron del agrado del público. El marqués ocioso y calavera aprendió a ganarse la vida. Pero la felicidad suprema era ver todos los días a *miss* Harris, trabajar a su lado, viajar con ella, ir ganando su confianza y su simpatía, vigilarla, comprobar que no había moros en la costa… o que no les hacía caso, por lo menos. El mismo carácter extraño y audaz de su aventura, fomentaba su entusiasmo, cualidad que brotaba tan fácilmente de su corazón como la espuma de una copa de champagne; porque era un tipo españolísimo, andaluz por añadidura, todo pasión, todo chispa, todo verbosidad, todo arrojo, todo desinterés, todo imprevisión. Hablaba casi bien el inglés y ellos chapurreaban tal cual el castellano; entablar una conversación bilingüe, matizada de exótico acento, llena de recuerdos de viajes, de aventuras raras, de anécdotas sucedidas o imaginadas, de salidas oportunas, de rasgos inesperados del ingenio nacional, respectivamente, les hacía reír, como a tres buenos muchachos sin preocupaciones. El *clown* confesaba que la compañía del marqués le era tan grata que empezaba a resignarse a no ser rey, a haberse ganado la vida con la cabellera y a que le olvidase la ingrata posteridad cuando su empolvada máscara de payaso fuese sustituida por esa otra lívida máscara de la última payasada.

Pero *miss* Harris, demostrándole un afecto muy vivo y cordial, no correspondía su pasión amorosa, de lo cual el fogoso español empezaba a darse al mismísimo diablo. Ella rehuía la conversación sobre ese punto, no contestaba las alusiones, se hacía la tonta, y cuando ya, acorralada, se veía obligada a contestar algo claro y concreto, decía con ese aire de estirada dignidad, característico de la raza:

—No, camarada; yo soy una *miss* honorable y no quiero incorrecciones; usted es marqués, yo titiritera, usted es aristocracia, yo pueblo; usted es católico, yo protestante; yo soy libre, pero usted tiene buenos padres a quienes obedecer; usted no puede ser mi marido y yo no quiero un amante…

Como no llegaba a tanto la locura del enamorado que no reconociese la fuerza de esta respuesta, callaba y se desesperaba. Pero a los pocos días volvía a la carga y ella a las mismas razones de grave y fina dignidad.

Una tarde, en una fonda de Londres, el *clown*, mareado de la travesía, se había acostado un rato, y el marqués, aprovechando la ocasión, no muy frecuente de verse a solas con ella, mientras tomaban el té en una mesita pequeña, volvió a las andadas. En el rostro bonito y aniñado de muñeca de porcelana, empezó a dibujarse, primero el aburrimiento y luego el enojo.

—¿Y yo –replicó mostrando franco malhumor– qué seguridad tengo de que es verdad todo ese amor que me está usted pintando? Los españoles no son tan veraces como nosotros los ingleses…

—La pasión es verdadera en nosotros; es nuestra mayor verdad –contestó el joven clavando en ella una mirada llena de sinceridad y de fuego–. ¿Acaso no he dado pruebas de lo que digo? ¿No he dejado la opulencia de mi casa y el calor de la familia y mi patria y mis amigos por conseguirla a usted, convertido en un payaso? ¿No arrastro el honor de mi título por esos circos…?

Al llegar aquí se detuvo bruscamente y se mordió la lengua, comprendiendo que había ido demasiado lejos, pero palabra y piedra suelta, no tienen vuelta. Vio, consternado y arrepentido a *miss* Harris que se ponía de pie, con semblante airado y actitud indignada, y oyó estas terribles palabras:

—¡Ah! Nuestro oficio es un deshonor; nosotros somos pues gente sin honra; si esto es verdad, también es verdad que yo no lo he llamado ni lo he incitado a arrastrar el honor de su título, como usted dice… Usted lo ha hecho porque ha querido; pero ¡ni un paso más ha de dar ya en mi compañía! ¡Mi hermano es un pobre *clown*, pero tendría en menos a un marqués que insulta a una mujer y no lo juzgaría *gentleman*!

Y sin dar lugar a respuesta, salió cerrando la puerta de su cuarto con gran furia. Quedose el pretendiente aturullado, temblando de pies a cabeza, pálido, ya indignado, ya dispuesto a pedir perdón de rodillas… y por último, sintiendo que las lágrimas le acudían a los ojos ante aquella desgracia irreparable… No sabía qué actitud tomar, si irse de la fonda, si quedarse, si acudir al hermano… Por de pronto se dirigió a la calle, para refrescarse la abrasada cabeza.

* * *

No lo consiguió gran cosa y por la noche volvió a la fonda, resuelto a terminar su contrato, recoger su equipaje y volver a España con el poco dinero de que disponía. Esta decisión le partía el alma, pero no hallaba otra más adecuada a su situación. Pensaba también que acaso el *clown*, enterado de la escena, le pidiese explicaciones o le insultase, y con esas ideas subía la escalera de la fonda, con el aire de un hombre desgraciado y dispuesto a afrontarlo todo. No podía imaginar, ni por soñación, lo que le esperaba.

Halló a Harris con un periódico en la mano y con el aire radiante y exaltado. Recibió a su camarada con una explosión de júbilo.

—¡Marqués! Venga a mi cuarto. ¡Qué deseos tenía de que volviera! ¡Ah! Mi hermana me ha contado que ha sostenido un altercado con usted y que no trabajaría ya más a su lado… No le he dado importancia… Desaires amorosos ¿verdad? ¡Paciencia! Ahora lo importante es otra cosa.

Iba y venía por la estancia donde estaban los dos, tan atrozmente excitados, él casi siempre tan correcto y tan dueño de sí mismo en su fina elegancia británica, que el camarada no sabía que pensar.

—¡Lea usted, lea! –terminó acercándole el *Times*.

Al marqués le aburría solo ver tan enorme cantidad de letra impresa.

—No, no; explíqueme ¿Qué hay?

—¡Pero hombre! Usted ha salido a la calle y no se ha enterado de nada, por lo visto… Es incomprensible.

—Sí, es verdad. He salido muy preocupado, enfermo…, deshecho. He andado mucho sin enterarme de nada, en efecto. Gracias que esta noche no hemos de trabajar, porque estoy como si me hubiesen machacado los huesos en el almirez. Pero dígame por último…

—¡La guerra! –interrumpió el inglés levantándose impetuosamente de su asiento y volviendo a sentarse–. ¡La guerra! La grande, la universal… Hemos entrado ya en el baile… ¡Y Harris no es ya un *clown*, no es una payaso, no es un pobre diablo, no es bufón risible, no es un anuncio para hacer crecer el pelo!… ¡Es un soldado! O va a serlo muy pronto… ¡Hurra!

Y lanzó su gorra al techo atrapándola después en el aire. Luego, formalizándose un poco, añadió:

—Únicamente lo siento por mi hermana; sí, lo siento. Ahí la tiene usted en su cuarto, hecha un mar de lágrimas, ¿pero qué hemos de hacerle? Al fin, ella se gana bien la vida sin mí… Voy a buscarla, a ver si usted me la convence de que no hay para desatinarse de esa manera. ¿Acaso no vale más ser hermana de un héroe que de un *clown*?

Salió dejando al marqués confuso y medio atolondrado con tan inesperados sucesos. Al poco rato apareció con su hermana, la cual mostraba los preciosos ojos encendidos y la cabeza desarreglada, con la magnífica trenza rubia medio deshecha por la espalda.

Enternecióse el enamorado ante tan fiero dolor y antes de que pudiera decir palabra, *miss* Harris, olvidada al parecer de la escena de marras, le tomó una mano entre las suyas –por su blancura, suavidad y forma, dignas de la más pulida *lady* del reino– y empezó a rogarle con el mayor ahínco del mundo que disuadiese a su hermano de sus heroicos planes.

—¡No es por mí, no es por quedarme solita por esos circos, no es por egoísmo! ¡Es por él, marqués, por los peligros que va a correr, porque me lo matarán por echárselas de valiente! ¡Él no quiere hacer reír al mundo y no le importa hacer llorar a su hermana! ¡Convénzale usted por Dios! Persuádale de que ahora, como habrá tantas tristezas con esto de la guerra, es obra santa divertir a los muchos melancólicos que se quedan y ser *clown* será tan sagrado como ser pastor de almas, o soldado, o enfermero o filántropo… Si usted consigue convencerle yo ya no me acuerdo de que nos ha ofendido usted esta tarde…

Aquí interrumpió el español, asiendo su pleito por los cabellos.

—Le juro a usted, *miss*, que yo hablo muchas veces por hablar y sin saber a punto fijo lo que digo; pero preferiría cortarme la lengua a producirle la más mínima ofensa; le juro otra vez…

—Yo me voy –dijo el *clown* de repente, sin atender más que a su propio fijo pensamiento–. Estamos perdiendo el tiempo; debo empezar las diligencias para alistarme.

Miss Harris volvió a su llanto y a sus ruegos al camarada y este no sabía qué hacer. Al fin la hermana, desesperada, exclamó:

—¡Ah, si yo fuera hombre! No me importaría esta decisión, porque me iría con mi hermano ¡y al menos tendría a su lado quien mirase por él!

Entonces el enamorado terció con súbita inspiración:

—Querida *miss*; usted no creía esta tarde en mis palabras; le parecían insuficientes las pruebas de amor que le he dado; incluso tuve la desgracia de ofenderla, lo cual no me perdonaré nunca. Pero quiero dar ahora una prueba evidente de la sinceridad de mi sentimiento: puesto que lo que más le aflige es que su hermano vaya solo a la guerra, me alistaré con él. Sí, amigo Harris, me voy con usted.

El *clown* se dirigió impetuosamente hacia su camarada, y abriendo los brazos lo estrechó en ellos con toda la extensión de su alma, mientras en los ojos claros de su hermana se reflejaba emocionada sorpresa.

A decir verdad, el pobre marqués tuvo la esperanza de que ella no consentiría tamaño sacrificio, pero cuando la vio aceptar con enternecidas palabras, pensó armándose de estoicismo:

—¡Qué le vamos a hacer! Ya está empezado el melón y hay que comerlo. ¡Sea lo que Dios quiera!

Así como así, la causa era simpática a su corazón romántico y quijotesco; y la idea de ir a combatir por los fueros de la justicia y del derecho, le consolaba en parte de su sacrificio personal.

* * *

El viejo barón alemán leía con interés los sucesos de la guerra, pero no con el ansia conmovida de aquellos para quienes esta universal y bárbara tragedia envuelve una tragedia íntima y personal.

Solterón, muy rico, muy divertido, fuerte aún a sus sesenta y tres años, sin deberes militares, se limitaba a desear de buena fe el triunfo de los suyos, con platónico patriotismo, y fuera de algunos donativos para los gastos de la guerra, estaba tan lejos de tomar la menor parte en ella como en las peripecias del folletín novelesco que todos los días leía metódicamente.

Había algo que emocionaba más de cerca su viejo corazón, antiguo admirador de la belleza. Este algo era su reciente amor hacia *miss* Harris, que a la sazón trabajaba en un circo de Estocolmo, mientras su hermano y su camarada se batían en las trincheras del norte de Francia. Todas las noches un criado del barón entregaba a la hermosa acróbata un enorme ramo de flores artificiales –al enamorado le parecían más prácticas que las naturales– y una carta timbrada con su corona, donde en correctísimo inglés expresaba su pasión con tentadoras alusiones lucrativas. Ella aceptaba carta y flores, daba una propina al criado, y no contestaba nunca.

—Como su hermano está en las trincheras y yo soy alemán, no me quiere –se decía el buen señor un poquillo consolado con esta autoexplicación.

Miss Harris tenía bastante en que ocupar su corazón sin acudir al estrafalario pretendiente. ¡Con cuanta impaciencia, mezclada de inquietud, abría los sobrescritos cuya letra, fuese de mano del *clown* o del marqués, que conocía tan pronto! Hasta entonces recibía buenas noticias.

—Nuestros patrones, San Jorge y Santiago, nos protegen –escribía Harris.

Una vez el español estuvo enfermo y *miss* Harris sufrió terribles alarmas, pero no tardó en reponerse y volver a las trincheras, donde, según referencias de su compañero, se batía como un héroe.

Ella presentaba cada noche en el circo, deslumbrador de luces, su brillante hermosura, agradeciendo los aplausos con una sonrisa convencional, donde al barón le parecía ver un vivero de mudas promesas. A fuer de enamorado tenaz, continuaba enviando, sin desanimarse, su epístola y sus flores confeccionadas, aquellas *hijas de la primavera*, como él poéticamente las designaba en su alemán traducido al inglés por un concienzudo secretario.

No obstante, una noche sus esperanzas sufrieron grave alteración. Fue aquella en que apareció en el circo uno de los acróbatas anunciando al público la triste nueva de que el hermano de *miss* Harris, el célebre *clown*, el predilecto del público, había muerto cumpliendo su deber de soldado, junto con su valiente camarada español, que pudo salvarse y prefirió morir por no abandonarle en el último trance.

*   *   *

—¡Ah! —se decía el viejo Werther, ya en su casa, oprimiendo la calva frente entre las manos—. Es inútil que me canse en enviar a *miss* Harris delicados presentes y expresiones apasionadas... ¡Siempre verá en mí al enemigo de su patria, aunque yo no me he metido en nada! ¿Qué culpa me cabe de la muerte de su hermano? Pero cualquiera la convence... Las mujeres son así... irracionales, irreductibles...

*   *   *

Decididamente el barón alemán no entendía jota de psicología femenina, por lo cual fueron inmensos su júbilo y su sorpresa, cuando a los pocos días de este desastrado suceso, hallándose todo caviloso y descorazonado, recibió una carta de luto, de graciosa escritura, firmada por el objeto de sus ansias amorosas, y donde se le concedían amplias y definitivas esperanzas...

* * *

Así fue como se arruinó ¡en menos de un año! de la manera más completa, el barón alemán, perdiendo el poco juicio que le quedaba al verse despedido, con la salud decadente, sin un céntimo, sin un solo afecto en el mundo, ni la menor consideración de la sociedad que antes lo adulaba.

Y así fue como *miss* Harris dejó el circo para siempre y como se hizo propietaria, en las afueras de Londres, de un hotel rodeado de gran jardín donde vivió retirada, sin amores ni casi amistades, como una reina misántropa, o como una sacerdotisa de un culto cuyo misterio solo fuese conocido de su corazón.

EL DIÁLOGO DE LAS SOMBRAS

Personajes: Goya, Watteau

La escena en el Museo del Prado

Goya.—La muerte, amigo Watteau, ha colocado sobre nuestras cabezas ese sombrero que vuelve invisible a quien lo lleva. Es grato ver sin ser visto, hablar sin ser oído más que de aquel a quien hablamos, echar un vistazo al mundo después de siglo y pico de ausencia, descender entre las pasiones ahora que vivimos fuera de ellas. ¡Suprema libertad del comentario!

Watteau.—Así es. Agrádame también eso de que tú, español rancio y castizo, y yo, francés hasta la médula, podamos entendernos sin calentarnos los sesos que no tenemos con aquellos horribles instrumentos de tortura mental –¡oh, *tout à fait* horribles!– que se llaman gramáticas.

Goya.—Mi mejor lenguaje fueron mis pinturas y mis grabados, lenguaje que hoy mismo puede entender tan claramente un ruso como un zaragozano, lenguaje elocuente y fogoso, lenguaje de sucesos, de almas, de paisaje, convertidos en verbo hecho color. Ahí están mis lienzos que no me dejarán mentir.

Watteau, con cierta timidez ante el tono resuelto hasta la rudeza del pintor aragonés.—Yo también viví para el arte...

GOYA.—¡Rediez, franchute, demasiado!

WATTEAU, tan escandalizado como un católico a quien el Papa censurase por ser papista.—¡Demasiado!

GOYA.—Como lo oyes; y yo también te oigo, ahora que la sordera no tapia mis oídos inmortales; y te entiendo y sé lo que me digo. Quisiera yo ver en tus lienzos menos bonitura y fondo más humano. ¿Por ventura no había otra cosa que pintar en tu tiempo, cortesano del diablo, sino pastorcitas princesas, y farsas italianas, y embarques de señoronas zurrupios, a quienes más hubiera valido estarse gobernando su casa y sus hijos y no andarse retozando con galanes sinvergüenzas? (Haciendo burla, con tono afeminado) Que el abanico, que el paisajito, que la ovejita… (Con tono natural matizado de indignación) ¡Y que el zorrón desorejado! Pero no te amosques, amigo; ello será cosa de los tiempos; yo, como los vuestros hicieron tantas barbaridades con nosotros, y los nuestros de arriba tantas fechorías con los nuestros de abajo, si no llego a manejar los pinceles como quien maneja las armas, reviento. Puede que si tú nacieras ahora en tu misma tierra de antes, en medio de este zipizape nunca visto, pintases de otra manera más enérgica.

WATTEAU, displicente.—¡Oh, lo mismo! Únicamente sentiría verme obligado a reproducir estas modas tan risibles… No sé quiénes van peor vestidos, si los hombres o las mujeres… Es lo más doloroso del siglo. *Une horreur*!

GOYA.—Ahora sí que me has chafado la guitarra; si te oye uno de los tuyos te fusila sin remedio, y yo diría *amén* para que no quedase por el monaguillo. Di, menguado: cuando yo esperaba entablar contigo sabroso palique ¿te saltas con que tu propia tierra no te interesa? pues ¿qué podría decir yo y me intereso?

Que al fin, aunque residí cuatro años en Burdeos, yo, como tú apuntaste muy bien, fui español rancio y castizo; estuve en tu patria todo ese tiempo –después de haber permanecido en la mía retirado más de nueve años en mi quinta del «Sordo»– porque en Francia «corrían buenos aires para mi espíritu independiente y libre» como ha escrito un tal don Benigno Pallol, el compatriota que me ha comprendido mejor y hecho más justicia hasta la fecha[1]; no me han faltado calumniadores que me trataron de afrancesado, como si mi obra entera no hubiese estado consagrada al enaltecimiento de España. Pero mi propio ideal patriótico y mi simpatía por tu nación, cuna de la libertad y del derecho moderno, como la ha llamado ese Pallol que te nombro, son causa de que me sorprenda ese relente tuyo.

WATTEAU.—Pero ¿hemos venido al museo a ver cuadros y a remozarnos el alma con tales vistas o a disputar sobre política? Yo no fui mal patriota; pero no he de hablar de eso contigo, *mauvais caractère*, porque tu opinión pudiera serme ofensiva y yo, que detesto el mal tono, procuro evitar siempre toda acritud en las pláticas.

GOYA desarrugando el ceño, con hermosa serenidad.—Engáñaste, gabacho. Me desconoces. Me interesa más un hombre que un retrato y la política más que el arte, porque mis pinceles, mi buril, mi lápiz, fueron como la palabra, como la pluma, como la guerra misma, modos de expresión; combatí por los fueros del pueblo, por los fueros de la independencia, por los fueros de la

---

1. El regeneracionista catalán Benigno Pallol (¿1850?), autor de la famosa *Interpretación del Quijote* (1893) había publicado *Biografía de grandes pintores* (entre los que se encontraba Goya) en la misma editorial que *Cuentos de la Guerra* (Casa Editorial Estvdio, Barcelona, 1914-16).

justicia, a mi parecer eficazmente. Lo que en estos días llaman *torres de marfil*, es algo contra lo cual yo arremetería a bastonazo limpio, si pudiera; seguro estoy de que habían de salir de las tales torrecitas sapos y culebras. Soy de temperamento belicoso como tú eres de temperamento *tiquis miquis*. Y ¿crees tú que por antiguos agravios iba yo a ir ahora contra vosotros? Fuimos enemigos, nos zurramos y acabóse, en buena hora sea dicho. ¿Tan hipócrita rencor iba a guardar para venir a declarar en tal día como hoy, mis odios? ¿Para gritar entre el barullo de la contienda: Francia, tú tienes razón pero te la quito y se la doy a tu enemigo, y como te veo herida te suelto dos garrotazos? ¡Cristo, con el pintor de ovejicas y qué cosas piensa! Si este bastón que ves no fuera, como nosotros mismos, una sombra, júrote que habían de probarlo tus costillas.

WATTEAU.—Pero hombre...

GOYA.—¡Qué hombre ni qué narices! ¿Habrá más triste cosa en este mundo ni en el otro, que padecer la injusticia, que ver uno deformado por ahí su carácter y su pensamiento? Aquí tienes en mi propia tierra una docena de poetas y prosistas –Dios los perdone– que no ven de mi obra más que lo externo, la vestimenta, y que siempre andan a vueltas con los chisperos y las manolas ¡rediez! ¿iba a pintar lapones? ¡Y hasta hay quien me ha llamado *servil palaciego*! Y tú ahora piensas por lo visto que soy germanófilo... ¡Don Francisco de Goya y Lucientes germanófilo! ¡El defensor del derecho contra el poder! ¡El pintor de los fusilamientos, es decir, el pintor de la independencia, no de la independencia española, señor mío, sino así, de la *Independencia*, que a tanto llegó la amplitud de mi genio entonces! ¡El que retrató en su amor al pueblo y en su desdén a los reyes, su democracia, su *antiimperialismo*, que dirían ahora! ¿En qué figuras de mis cuadros resplandecía la dignidad varonil, el donaire y la belleza? En el pueblo ¡y entre tanto, en mis lienzos, como en la realidad, los duques eran tipos fríos y entecos, el rey un ganadero, la reina una ramera! Nadie hablaba entonces de república, pero quisiera yo que los republicanos de hoy en día me llegasen siquiera a la suela del zapato en esto de valientes ideales. ¡Y yo había de aprobar los atropellos de Bélgica! ¡Yo, el hombre de las aspiraciones fulgurantes, el de las generosidades espléndidas, había de ponerme al lado de un pueblo solo porque es previsor, económico, metódico, métome en todo, caminero, es decir, porque tiene precisamente las cualidades que más me apestan!

WATTEAU.—Yo también, dejando a un lado mi condición de francés –que es accidental– y atendiendo a mi condición de artista –que es eterna–, estoy más por Francia que por Alemania. Mi gentil Pierrot podría vivir bajo el techo de un molino flamenco, hacer reír al público de un circo de Londres con sus ingenuidades, ser criado en un cortijo andaluz, lucirse bajo la apariencia de un gran *signore* veneciano o florentino, pero languidecería bajo la férrea disciplina teutónica. Mi arte es verdaderamente francés, aunque no haya sido tan representativo como el tuyo, según se dice ahora. Podrás reprocharme su frivolidad, su carácter superficial, pero no me discutirás su delicadeza, su dulzura, su gracia, la perfección minuciosa, y sobre todo la elegancia, no ya en lo accesorio y pasajero de un lazo, de un escote, de una banda sobre el pecho, de una joya, sino en lo esencial, en lo eterno, en la silueta de un árbol, en la luz de sus frondas, en la actitud de dos amantes, en el diseño de una imaginada arquitectura. Tú fuiste rudo y varonil; yo elegante y espléndido. No pienses que de mí no han dicho también estos de la actualidad lo que se les ha antojado: que si pinté así porque fui tuberculoso...

GOYA, interrumpiendo con una gran risa.—¡Hombre, calla por Dios, que estos científicos de hogaño, cualquier día descubrirán que yo pinté como pinté porque me dolían los callos!

WATTEAU.—Volviendo a nuestro tema. Tú sientes en tu generoso espíritu el heroísmo francés; hasta el mío, de una finura de enfermo mimado, llegan sus delicados rasgos, sus flores sobre las tumbas, el adiós de los amantes, el llanto ante las ruinas sagradas donde crecerán musgos y yedras, y donde irán a leer la barbarie del siglo XX siglos mejores. Sí, baturro; sin patriotismo ya –sentimiento pasajero porque va unido a la carne– amo a Francia y a cuantos combaten con ella; y mi amor, por más imparcial es más justo y más amplio...

GOYA, entusiasmado.—¡Venga esa mano! Estamos de acuerdo.

Las dos sombras bajan la escalinata del Museo y se pierden en la niebla prendida como un velo de encaje en los sombríos abetos.

ÍCARO

CON mi español deseo de artista de conocer París a toda costa, y mis menguados recursos económicos para realizar este deseo, pasé al principio las de Caín en la *Ville-Lumière*, hasta que pude hallar trabajo duradero como pintor de abanicos, sombrillas y otras coquetas fruslerías femeninas, en cuyo arte, que no desdeñó Watteau, he llegado a adquirir verdadera reputación. Y hacía ya cinco años que vivía así y pensaba en el regreso a la patria, habiendo realizado buenas economías, cuando esta horrible guerra me obligó a desistir, pareciéndome mal pago a la hospitalaria capital, el de tomar el tren al ver las cosas mal paradas, sin contar con que los nuevos acontecimientos excitaban en alto grado mi interés de artista y de ciudadano impresionable.

Decidí, pues, quedarme, y aun tomar parte activa, si podía, en la dramática situación de Francia. En consecuencia, solicité una plaza de enfermero, que obtuve no sin dificultades, porque éramos muchos los aspirantes, en un hospital provisional de la Champagne, una granja que se acomodó lo mejor posible para el caso.

A pesar del gran trabajo material, no me faltó ocasión de ejercitar la actividad de mi lápiz, aunque esta vez en escenas ¡ay! poco adecuadas para decorar abanicos... He aquí uno de los episodios cuyo protagonista me sirvió involuntariamente de modelo, porque aun antes de conocer sus aventuras, su fisonomía había impresionado mi atención.

Se trataba de un prisionero alemán, a quien llevaron al hospital una fría noche de noviembre, en ocasión en que yo estaba de guardia. Lo conducían dos soldados por su propio pie, porque estaba herido en la cabeza, y aunque andaba penosamente, se advertía en él cierta vivacidad de movimientos que dista mucho de ser la característica de sus compatriotas, y quizá por eso me fijé más en aquella particularidad. Preguntáronme los soldados si había cama libre, porque la víspera, una invasión de heridos y enfermos, franceses y extranjeros, había ocupado hasta el último rincón de la granja-hospital; iba a contestar que habiendo muerto uno hacía un momento, quedaba su jergón disponible, cuando el prisionero me dijo en correcto y fácil francés que si le podía procurar una almohada, no le importaba tenderse en un montón de paja, porque la cabeza le hacía sufrir mucho. Me apresuré a complacerle, quitando una buena almohada a otro pobre herido que no lo estaba de los cascos, sino de las piernas, y bajo cuya cabeza sana acomodé su propio capote bien doblado. El alemán me dio las gracias con una sonrisa, una de esas tristes sonrisas de los heridos que tantas veces había ya tenido ocasión de observar.

Cuando estuvo acostado, lo dejé para atender a los demás; los médicos ocupadísimos con otros enfermos más urgentes, dispusieron su curación para el día siguiente. Cuantas veces pasaba yo por su lado, notaba que no dormía, y su mirada revoloteaba por los ámbitos de la sala, como la de un niño que persigue una mariposa. Era un hombre de poco más de treinta años; la frente, esa parte tan significativa del rostro humano, desaparecía bajo manchados vendajes, por cuyos bordes asomaban cortos mechones de pelo rojizo apelmazados por la sangre y el polvo; en sus ojos grandes y globulosos, aunque sumidos en profundas cuencas, de pupilas negras en la sombra y doradas a la luz, brillaba la llama de una imaginación fértil y exaltada; el matiz rojo ladrillo de la piel, pegada a los huesos de la descarnada faz, revelaba un temperamento sanguíneo, cuando a pesar de las heridas y de los padecimientos morales que acompañan a todo prisionero no había llegado a palidecer; la nariz fina y curva, como un pico, sobre el gran mostacho rubio oscuro, y el mentón enérgico y bien modelado, daban cierta aristocracia a su demacrado perfil. Algún que otro suspiro ahogado protestaba contra su actitud de aparente estoicismo, revelando la callada pesadumbre.

Bajo la glacial claridad del carburo, todos aquellos cuerpos yacentes en los lechos, en extraños y violentos escorzos, o con rigidez de cadáveres, cubiertos con mantas, con sus propios uniformes, con hacinados harapos; aquellas caras lívidas; aquellas profundas miradas de insomnes, o aquel dormir que en algunos se parecía a la muerte, cuya guadaña se cernía ya sobre muchos de ellos; el silencioso ir y venir de las hermanas de la Caridad; las sombras de los afilados perfiles sobre las paredes blancas de cal; el gran crucifijo oscuro en el fondo… todo causaba una impresión nueva y extraña, una amalgama de realidad y de fantasmagoría, una visión compleja, digna de los lápices de Goya.

* * *

No asistí a la cura del alemán porque por la mañana me fui a dormir, y cuando regresé a media tarde, vi ya a mi enfermo con la cabeza vendada de limpio; estaba incorporado en el jergón, siempre con su mirada errática y brillante.

—¿Qué? ¿Vamos mejor? —le pregunté en francés recordando que conocía este idioma.

No me contestó nada y clavó la mirada en el techo.

—Vea usted —me dijo lentamente—, a pesar del frío, me gustaría más estar en sitio descubierto, desde donde se viera el cielo. ¡El cielo! —repitió con exaltación—. Es mi elemento...

—Para ir al cielo hay que empezar por morirse y tiempo queda para eso —le repliqué sin comprender su pensamiento.

El herido se rió silenciosamente.

—Soy aviador —me explicó—; el cielo es mi elemento como lo es para el marino el mar. Pero... ¡pataplúm!

Al llegar aquí abrió los brazos en semicírculo y haciendo un movimiento giratorio que acompañó con todo el cuerpo y con su cabeza entrapajada, imitó la rauda caída del aparato volador. Entonces comprendí.

—¡Ah, ya! ¿Y aún le quedan a usted ganas de volver a las andanadas?

—Sin duda, sin duda —contestó con extraordinaria viveza—. Pienso realizar unos vuelos sorprendentes...

Ya que me detenía conversando, quise aprovechar el tiempo trazando el boceto de mi interlocutor. Este me miró dibujar sin decir nada con cierta ingenua y pueril curiosidad. Cuando acabé tendió la mano hacia el boceto y lo examinó con atención y complacencia.

—¡Está muy bien! —exclamó— ¡Si quisiera usted dármelo! No es para mí —añadió después en tono confidencial—; es para alguien que lo agradecerá mucho, si consigo hacerlo llegar a sus manos.

—¡Comprendo! –repliqué– ¿ha dejado usted alguna rubia Gretchen por allá abajo?

El herido movió la cabeza negativamente.

—Cuando termine usted la inspección de los enfermos, venga otra vez a mi lado y le contaré en pago de su obsequio –dijo guardando sin ceremonia mi dibujo en un bolsillo de su blusa extendida sobre la manta.

Acabé mi tarea lo antes posible espoleado por la curiosidad y regresé junto al aviador, sentándome sobre el extremo de su jergón con las piernas cruzadas a estilo moro, y acomodando entre ambos un capacho, saqué de él pan y fiambres, a cuya vista el prisionero, hombre de formidable apetito, se animó un poquillo, y mientras compartíamos dichas provisiones, me fue relatando sus aventuras, al principio con bastante calma, y más adelante con un fuego y una variedad de expresión que me sería imposible reproducir con la pluma.

* * *

Soy descendiente de polacos y un poco pariente de Nietzsche por línea materna; hemos sido una familia de viajeros, dominados por no sé qué extraño instinto migratorio. Yo he residido sucesivamente en Suecia, en Holanda, en Francia, en Suiza y tengo hermanos en África, en la India, en California; nuestra familia ha sido como un puñado de semilla sobrera que la mano del sembrador lanza al viento.

Yo soy aviador, como ya le he dicho. Curvos, difíciles y lentos son los caminos de la tierra y yo quise realizar intrépidamente lo que Nietzsche se conformaba con decir: «¡Yo me lanzo sobre tu carro, tempestad!». Por tierra, por mar o por cielo es preciso que cuando se emprende un viaje sea para llegar a algún sitio; es preciso que esto sea así y lo es siempre, aunque nosotros mismos lo ignoremos y no hayamos tenido nunca un propósito muy claro. Aquellos con quienes nos hemos de encontrar un día, nos esperan inconscientemente, y nosotros –los esperados desconocidos– vamos allá con irresistible impulso, a despecho de los mayores obstáculos.

Perseguido por un aviador inglés en mi primera excursión bélica, yo creía de buena fe que huía; pero al contrario, iba derecho hacia mi destino. Sostuve mi biplano algunas horas, entre brumas tan densas que ignoraba mi dirección y los lugares que atravesaba; mi aparato había sufrido algunas averías cuando dispararon sobre él desde el avión inglés; yo mismo, sin haberme dado cuenta de cuándo ni cómo fue, estaba herido en la cabeza. No me enteré hasta que sentí resbalar la sangre tibia por la cara; el ambiente húmedo que me calaba hasta los huesos, el dolor de la herida que empezaba a ser intenso, el no saber donde me hallaba, el temor de ir a caer en terreno enemigo, donde me rematasen o hiciesen prisionero, me tenía en un estado de confusión terrorífica parecido al de una pesadilla.

Al fin, entre la niebla, pude distinguir la cima nevada de una montaña y me decidí a aterrizar, lo cual efectué con la mayor precaución posible en un punto de la vertiente donde empezaba a desaparecer la nieve y a brotar la vegetación.

Dejé mi biplano –que no se hallaba en estado de continuar su ruta mucho tiempo– saqué las pocas provisiones de boca que me quedaban y me lancé al través de un inmenso bosque de abetos. Eran las dos de la tarde; anduve sin encontrar un alma, aunque sí huellas humanas, como la tala de algunos árboles y restos de hogueras entre piedras, a manera de selvática cocina.

Desde luego, la guerra no había llegado allí; era, al contrario, tan profunda la impresión de apacible soledad, mejor diré, de majestad serena, que me hubiera podido creer a miles de leguas de todo combate.

El bosque era infinito; yo andaba, y andaba y andaba, seguro de ir en línea recta –poseo un certero instinto de orientación– y no veía ni en perspectiva el fin; troncos y más troncos, un árbol caído, una plazoleta irregular formada por el acaso... Parecíame que había entrado en una selva encantada y que estaba destinado a vagar así por siglos enteros. La noche se me presentaba aterradora de negrura, desamparo y misterio; de las provisiones me quedaban escasos restos; yo empezaba a sentir más miedo que ante la persecución del avión enemigo.

Me senté sobre la raíz de un enorme tronco, abatido por el cansancio, entumecido por el frío, ofuscado por los terrores y acometido por la fiebre; esta debió llegar a ser tan intensa que antes que la noche cerrase enteramente, perdí el sentido.

* * *

Cuando lo recobré me vi en una cama grandísima, bajita, en un aposento a media luz, ya matinal, decorado con una elegancia que no sabría describir. El lujo que me rodeaba no me sorprendió; quizá le parezca a usted una jactancia –añadió clavando en mí una mirada llena de sinceridad– pero yo, nacido en una localidad pequeña, no me he sentido jamás provinciano en parte alguna; nada material me ha sorprendido nunca... ¿Qué importa dónde se nace? La grandeza se lleva dentro.

Pero sí dejó mi alma atónita y mi corazón como suspendido del misterioso hilo de su encanto, la figura de la señora a quien sin duda debía la hospitalidad y que vi a mi cabecera como un ángel protector, o más bien, como la realidad viviente de una ilusión muchos años ansiada… Iba vestida de terciopelo violeta, el más suntuoso de los colores, y los anchos pliegues la envolvían noblemente; llevaba un cuello de encaje crema, como los nobles del tiempo de Carlos I… Perdone si detallo tanto, pero todo lo que se refiere a este episodio se me ha quedado como fotografiado en el cerebro con una luz divina. La señora era de una hermosura angélica; más blanca que las margaritas de los prados, más perfecta que una escultura griega, de más dulce expresión que una *madonna* de Rafael, más fascinadora que la heroína de una novela… y sin embargo, ¡real, de carne y hueso, a dos pasos de mí!

Advertí que el prisionero se exaltaba tan violentamente bajo la influencia de este recuerdo, que a pesar de mi curiosidad por conocer el fin de tan extraña aventura, le rogué que callase, en bien suyo, y mientras tanto hice una ronda entre mi lastimosa gente. Al final de la sala vi al médico que había curado al aviador.

—¿Es grave lo que tiene?

El doctor hizo un gesto enigmático y después de vacilar un poco, me contestó:

—Pudiera serlo.

Una hora después volví al lado del herido y él, ya más sereno, reanudó el hilo de su relato.

* * *

Supe por mi enfermera que me encontraba en Bretaña, en su castillo, en el cual vivía sola con su servidumbre, desde el principio de la guerra donde tenía a su marido. Esta circunstancia me angustió. ¿Sabía aquella señora que yo pertenecía a la nación enemiga? Sin duda se lo había revelado mi uniforme. ¿Qué iba a hacer entonces de mí? ¿Sostendría su generosidad, su compasión hacia un pobre herido hasta el punto de ampararme y guardarme? ¿Me entregaría? ¿Me habría recogido solo con esa intención? Mil dudas se sucedieron en mi alma con rapidez eléctrica. Lo que me parecía más terrible, créame usted, era la idea de no volverla a ver nunca más. Después de haber contemplado aquel semblante donde brillaban todas las gracias ¿qué podría ya causarme gusto en este tormentoso mundo?

Acercándose más a mi cabecera, me preguntó con voz donde resonaban las arpas del cielo, que cómo había sufrido tan grave accidente, contándome a su vez de qué modo me había hallado un guarda de sus posesiones la noche anterior.

Su pregunta renovó todas mis agonías. Acaso no hay nada en el mundo tan sugestivo como la elocuencia del corazón y esta fue la que me salvó; le confesé mi verdadera situación, la desgracia de haber nacido en un país al cual debía lealtad, mientras el destino disponía que ella naciera en un país contrario, y también le dije cómo hubiera dado mi nacionalidad, la gloria terrena y la gloria divina si me estaba reservada, por el amor de una mujer como ella… Lágrimas de fuego terminaron esta declaración casi delirante.

Me escuchó al principio con serena gravedad, sin interrumpirme, y fijando en mí la misma mirada que debe posar un ángel desde su región de luz, sobre el condenado por sus faltas a eterno sufrimiento. Por momentos me parecía más emocionada y pensativa, hasta que por último me dijo… Pero ¿quién podría reproducir sus palabras animadas por los reflejos de un alma divina?

Su vida había sido una desgracia perpetua; hacía tres años que estaba casada con un tirano, el cual, por suerte de ella, se había visto obligado a ir al combate. También, como yo a ella, me esperaba años hacía...

Al llegar a este punto de la narración de mi alemán, debo confesar que me pareció un grandísimo embustero, digno de ser moreno y sevillano y que yo no debía aparentar que me tragaba tamañas bolas so pena de pasar por tonto a los propios ojos del imaginativo narrador. Pero a pesar de esta consideración, preferí esperar a ver en que paraba aquel amor tan repentino, sublimizado y dramático. Y él fue prosiguiendo así con tanta formalidad como hasta entonces:

Sí, me esperaba... ¡divinas palabras! Terminó diciéndome que no podía solicitar de mí que fuese traidor a mi patria, pero tampoco podía amar a quien fuese en contra de la suya —como mi sentimiento de justicia reconocía—; que conciliásemos ambos extremos y que le diese palabra de honor de que jamás dispararía un tiro contra un francés ni causaría el menor perjuicio a los aliados contra mi patria...

Besé su mano y descolgando un crucifijo de bronce que había sobre mi cabecera, juré lo exigido con religiosa convicción, medio aturdido de suprema felicidad...

A medio día pude levantarme y paseamos por el inmenso jardín conversando como conversarían dos prometidos desde niños, bendiciendo a Dios y sin querer entenebrecernos aquella radiante felicidad con los temores del incierto porvenir.

Sin embargo, ella me parecía disimular una fuerte inquietud que conforme pasaban las horas —¡fugaces horas de alas de luz!—era menos dueña de dominar. Al fin, me confesó sus temores; su marido había alcanzado una licencia de dos días y al siguiente, acaso dentro de algunas horas, se presentaría allí… Mi corazón, cuya sensibilidad había hiperestesiado aquel día divino, marcado con letras de oro para siempre en mi vida, recibió golpe rudísimo a esta noticia.

—No quiero comprometer tu tranquilidad –le dije imponiendo silencio a mi dolor–. Voy a emboscarme; después… veremos.

Después de muchos planes discutidos y desechados, me decidí a ir en busca de mi biplano. Me llevé provisiones para unos días y con un *adiós*, cuyas emociones no puede comprender más que quien haya sentido un amor más intenso que todo estímulo de la vida, me interné en el bosque de abetos, sin admitir ningún guía, aunque empezaba ya a oscurecer, confiado en mi instinto de orientación.

No había andado cien pasos, acompañado de los más varios pensamientos, cuando vi avanzar entre los árboles un grupo de hombres, capitaneados por un militar, a cuya presencia me gritó mi odio con certera intención:

—Él es.

Cambiamos una mirada, en cuya comparación la de los dos tigres ante una misma presa, debe ser suave. El veía en mí, por mi uniforme, al enemigo de su patria; yo veía en él también al enemigo de la mía y algo peor, al dueño y tirano de la mujer querida, el obstáculo contra mi ideal, el muro contra el cual mi amor se rompería las alas. El revólver me temblaba de coraje en las manos y en la vacilación de un segundo estuvo que no disparase contra mi rival. Pero de súbito me acordé de mi promesa, de mi juramento: *¡no disparar jamás contra un francés!*

¿Qué hacer, santo Dios? La actitud de él, no me dejó dudar largo rato. Me intimó la orden de rendirme. Entregué mi revólver, pero mi expresión debió revelar algo tan distinto de la cobardía de un soldado rendido al número de enemigos, que vaciló unos momentos antes de coger el arma que le entregaba, casi retrocedió, y en su duro semblante se reflejó, si no el espanto, cuando menos el asombro.

En fin, sus hombres me rodearon y quedé hecho prisionero.

Él les ordenó conducirme no sé adónde, porque mi alma, absorta en celoso dolor, estaba demasiado turbada para entender sus palabras.

—Señor –le dije en francés, descubriéndome y necesitando más energía moral para dar a mi ruego un tono humilde que la que necesité para rendirme–. Si en su casa cuenta usted esta aventura, le ruego haga constar que llevando el revólver cargado no quise disparar contra ninguno de ustedes.

Aunque mi súplica le sorprendiese, no contestó nada, y con maquinal cortesía francesa, me saludó llevándose la mano a la visera con aire de aquiescencia. ¡Ah, con qué íntima, con qué desoladora melancolía le vi emprender el sendero de su casa, el sendero de la dicha mientras a mí me alejaban en dirección a la soledad y a la amargura!

El resto de mi viaje carece de interés; como mi herida se agravó, me enviaron aquí después de algunos días penosos y de los cuales apenas conservo memoria.

* * *

Otro prisionero me avisó que el médico me llamaba. Acudí al punto y me dijo:

—Observo que el prisionero habla demasiado con usted y eso le perjudica. ¡Me temo que la lesión que se ha producido lo vuelva loco de remate!

Estas palabras alumbraron con claridad meridiana *la razón de la sinrazón*, es decir, las exaltadas quimeras del relato del pobre prisionero, cuyo sentido fue de día en día decayendo y ofuscándose.

* * *

Supe más tarde que recobrada la libertad como prisionero de guerra, entró en la más sombría prisión, en su misma patria: la del manicomio.

¡Cuántas veces lo he recordado!

¡Ah, pobre guerrero inválido, descendiente de polacos, pariente de Nietzsche, viajero por instinto, aviador por vocación, enamorado de una quimera, autor y protagonista de aventuras ocurridas dentro de tu cerebro!… ¡Ya no volarás nunca más que en las raudas alas de tu locura!

UN DÍA FELIZ

FIGURAOS una especie de aventurero, un hijo de la estepa rusa, medio intelectual, medio vagabundo, estilo Gorki: figuraos una silueta elegante de líneas y actitudes y miserable de vestimenta, un rostro atezado, de pómulos prominentes, imberbe aún, iluminado por ojos audaces, y con espléndido, con sedoso toisón de pelo rubio sobre la tostada frente; un perfil de aristócrata y unas manos grandes y curtidas de obrero; figuraos que sobre esta figura gravitan los pesimismos del hombre solo en el mundo, del desheredado, del inteligente a quien sublevan las injusticias, del artista aún inconsciente a quien atraen la belleza y los refinamientos y que se ve condenado a las privaciones, a la suciedad, a la incultura; figuraos un corazón nacido para todos los afectos y sin embargo adusto a fuerza de soledad; figuraos esas bandadas de aves que son las alegrías de veinte años, dispersas ante esas jaurías que son los temores del merodeador; figuraos una salud broncínea, una agilidad y una habilidad simiescas, y tendréis una idea bastante aproximada de

nuestro personaje, Sergio, Sergio a secas –él mismo no hubiera po-
didos informaros mejor– a la sazón durmiendo en un establo sin
vacas, por la caridad de su dueño, y dispuesto a proseguir al otro
día su eterno itinerario sin objeto.

Al filtrarse por las mal unidas tablas, los albores matinales despertaron a Sergio, que se incorporó sobre el heno, sacudió su rubia
cabeza donde conservaba algunas briznas y echó una mirada indiferente a su refugio de una noche; en esta inspección, sus ojos de
lince tropezaron contra unos números torpemente trazados en la
tabla y caído al pie un cabo de lápiz. Sergio dedujo que aquello serían las cuentas del amo del establo; los números no le interesaban,
pero sin saber porqué, movido por espontáneo impulso, cogió el
cabo de lápiz y escribió cerca de las cuentas los versos, que traduci-
dos libremente, eran como sigue:

El ángel que vela en los umbrales más humildes
conceda todas las venturas a mi desconocido bienhechor
y lo preserve de los peligros de la guerra.
Yo estaré pronto lejos
y aún más pronto seré olvidado;
no tengo más moneda de oro que mi buen deseo
y mis avisos prudentes.
Los austrohúngaros se aproximan y siguen esta línea;
hace pocos días vi de cerca
sus rostros de conquistadores.
Huid antes de que lleguen a este pueblo apacible
sembrando la destrucción y la muerte.

Habiendo escrito así, dejó el lápiz en el suelo, se ciñó alrededor
de la cintura su larga blusa con una correa que había desabrochado

al tenderse en el heno para dormir, y se dispuso a abandonar el hospitalario establo.

En aquel mismo instante, entró el dueño.

* * *

Iba a revisar sus cuentas y vio el escrito, que leyó trabajosamente; después miró a su asilado, que se erguía ante él en actitud elegante y tranquila y cuyo rostro expresaba los mismos sentimientos benévolos que habían inspirado sus versos.

El dueño, un campesino ya viejo, sano, curtido y sagaz, de aire satisfecho, vestido de fiesta, particularidad que llamó la atención de Sergio, permaneció unos momentos silencioso y al fin dijo:

—Ven a mi casa y me informarás de lo que sepas. Estamos de boda y te convido, aunque la fiesta no será muy rumbosa porque aún llevo yo un luto que nunca me quitaré. Mi hija se casa con el joven más rico del pueblo; se lo merece, porque es una rosa; ya verás cuando la conozcas, que no me ciega la pasión de padre. Hoy los más de los mozos están en la guerra. No quisiéramos acordarnos de cosas tristes, pero no podemos espantar las alas negras cuando queremos. Yo tenía dos hijos mozos, los más guapos del pueblo y no es porque yo lo diga; perdí al mayor en la guerra en Port-Arthur[1], hará ya diez años; el otro se me murió aún no ha dos, de una pulmonía; me parece que Dios nos ha castigado bastante y que ya es hora de que podamos vivir tranquilos, pero no sé, no sé...

---

1. Estratégico puerto naval, escenario de la batalla del Mar Amarillo en el marco de la guerra ruso-japonesa entre 1904 y 1908.

A todo esto iban andando por la campiña, enriquecida con la sazón estival, y a poco llegaron a casa del buen hombre. Sergio, que al principio le prestaba alguna atención, acabó por oír sin escucharlo, como si oyera el canto monótono de un grillo.

Al ser presentado a los novios, tempranamente ataviados para la ceremonia, Sergio se quedó pasmado de la bonitura de la novia, realzada por las galas nupciales, con sus collares, su diadema a uso clásico, su vistoso y bordado traje. No era una belleza, pero sus lozanos dieciocho años, su frescura de capullo, sus pequeños ojos brillantes de alegría mal disimulada bajo las densas pestañas, que bajaba modestamente, los hoyuelos de sus redondas mejillas, su expresión aún ligeramente infantil, formaban una conjunto encantador. En cuanto al novio, no desdecía en gentileza y simpatía de su pareja. Un verdadero tipo ruso, buen mozo, de pelo rojizo, aire ingenuo y maneras lentas. Parecía quizá un poco obtuso y desde luego estaba muy aturdido, sin saber si debía permanecer serio o risueño, decir algo o callarse.

Como Sergio se sonrió al saludarle, él sonrió también, mostrando su dentadura irregular y blanquísima.

Una mujer llamó a Sergio para brindarle desayuno. El vagabundo comió todo lo que le presentaron con voraz apetito, siguiendo con una mirada llena de interés a cada nueva persona de la boda que se presentaba a su vista; en un vuelo llegó la hora de ir a la iglesia, bastante lejana de la casa campesina.

¡Un hermoso paseo, a fe de aventurero poeta! Un hermoso paseo matinal, entre los campos de mieses en sazón, bajo el cielo esplendoroso, en una rústica fiesta nupcial… Se divisaba ya la torre de la iglesia y todos apretaban el paso, deseosos de llegar. La penetrante mirada de Sergio se clavó en un punto distante; algunos miraron en aquella dirección; una mujer palideció.

—¡Santo Dios! ¡Son los alemanes! —exclamó con una gran voz.

—No —corrigió Sergio—. Son rusos; no son soldados...

—Es verdad —afirmó el novio, que había asido el brazo de su prometida con fuerte ademán de protección—. Me parece que son campesinos fugitivos.

—¡Dios mío! —intervino ella—. Debe ser un pueblo entero...

—Más de un pueblo —replicó gravemente su padre, poniéndose pálido como un muerto—. Esta boda... Nuestras cosechas... —añadió después llevándose las manos a la cabeza con ademanes de locura.

Era en efecto el éxodo de una gran multitud. Carros cargados con los enseres domésticos, caballos, gentes de a pie, mujeres con niños en brazos, hombres con pesados fardos a la espalda, muchachos de ojos atónitos, una muchedumbre incontable y tumultuosa, que seguía su ruta, engrosando a cada pueblo nuevo de la línea, donde se agregaban todos los habitantes en peso, ante las nuevas aterradoras que los fugitivos contaban...

¡Imposible celebrar la boda! ¡Desdichados! Se les intimó a incorporarse al inmenso convoy. Las pobres gentes, desoladas, no sabían que hacer; de todos modos la iglesia estaba cerrada. La novia pensaba con angustia en su casita nueva, recién amueblada, en aquel hogar suyo —¡para ella!— que tenía tanta parte en su corazón, aún más que su propio novio. ¡Dejar todo aquello antes de haberlo disfrutado! Sus negros ojos se anegaban de lágrimas.

—¡No me voy! ¡Yo no me voy! —exclamó al fin, desesperada—. Además ¿adónde iríamos a refugiarnos?

Sergio se sorprendía de aquel dolor por semejante motivo; no comprendía el apego al terruño ni al hogar, cuyas dulzuras desconocía. Aquellas gentes podían emprender la marcha con abundantes provisiones, ir todos juntos, confortados por el mutuo afecto

¡y se quejaban y se desatinaban! Pues si tuvieran que andar como él, dispersos, hambrientos, sin abrigo en los crudísimos inviernos, entre la hostilidad de la naturaleza y la de sus semejantes… La desesperación de la chica le parecía cosa tan cómica que le costaba trabajo disimular la risa.

Mientras tanto, el padre meditaba entre el clamoreo de pareceres.

Lo mejor sería dirigirse hacia Minsk, la semi-judía ciudad de los pantanos, donde él tenía una hermana casada, en regular situación, en cuya casa podrían albergarse y esperar el tránsito de la mala racha, para volver al pueblo. Los novios podrían casarse en Minsk a poco de llegar, y ¿qué se le iba a hacer? En todas partes está Dios.

—Si no nos vamos ahora –terminó– más tarde será peor. Dejemos que estas gentes vayan desfilando y entretanto, a trabajar, a ver lo que podemos salvar en nuestros carros. ¡Ah, si estuviera recogida la cosecha!… Luego nos incorporaremos a retaguardia.

Esta decisión pareció la más sensata. Cada cual se retiró a su casa a salvar lo que pudiera para emprender la triste peregrinación.

Sergio se quedó con los novios, con el padre, con tres o cuatro personas más de esta familia, y se dispuso a ayudar con todas sus fuerzas. Entre tanto la muchedumbre de fugitivos seguía su interminable desfile; la imaginación perdía la noción del número que a la vista parecía infinito. Desbordándose de la carretera, invadía los campos, aplastando las ondulantes espigas.

Como la casa de nuestra campesina estaba retirada del pueblo y fuera de los grandes caminos, desde allí se veía pasar esta muchedumbre a distancia, aunque su marcha clamorosa llegase hasta ellos. Se oían desde allí la fusión ruidosa de los innúmeros pasos, el chirriar de los carros, las voces, los llantos, los cantos, los gritos.

Sergio, atento solo a su trabajo, transportaba los muebles de más peso, acudía en socorro de la novia para atar un fardo, daba un golpe en el hombro al novio con amistoso ademán de camarada cuando le veía realizar animosamente un esfuerzo. Sentíase por primera vez en la vida, estimado, querido, hasta admirado. Considerábale la pobre familia como un amigo llovido del cielo, un amigo que no tenía que pensar en sus propios apuros, como los demás vecinos, y que brindaba la absoluta abnegación de su persona.

Una alegría de niño... no; el corazón de un niño es demasiado pequeño para contener el júbilo de Sergio, una felicidad rebosante en espontáneas risas –¡nunca había reído así!– una luz insólita en las pupilas, una agilidad en todo su ser como si le sostuvieran invisibles alas, una sensación y un sentido nuevo de la vida, un encanto desconocido en la transparencia del aire, en la gran línea opaca del horizonte, sobre la diafanidad celeste...

Ya por la tarde, comieron a la sombra de los carros, medio rendidos de trabajo todos, hambrientos ya, asombrados de que aquel fuese el mismo día de gran fiesta amanecido aquella mañana; ¡oh, cuán lejos estaba ya todo aquello! Los novios se miraban con tristeza, pero en el extraño corazón de Sergio, la alegría y el afecto bailaban una danza loca.

A lo lejos, continuaba todavía el desfile de fugitivos, aunque menos compacto. La pobre familia se tranquilizaba pensando que aún estaría a tiempo de incorporarse a retaguardia.

Llegó el momento en que el padre dijo: —¡Vamos! ¿Está todo listo?

Pero aún podía cargarse algo más en los tres carros que llevaban; para la novia, dejarse un utensilio de cocina, era dejarse un pedazo del corazón. Para el padre, para el novio, dejar allí sus trigos, el fruto del trabajo del año, equivalía casi a un suicidio. ¡Pensar que las tropas enemigas, acaso las mismas del país, iban a pasar por allí incendiando y asolando, les desgarraba el alma! ¡Ah, qué importaba una silla, un puchero más o menos ante la magnitud de la catástrofe! Pero su hija no era de ese parecer; y como una hormiga, ayudada por el fiel Sergio, iba y venía, se afanaba, revisaba la colocación de las cosas frágiles…

En fin, llegó el momento de emprender la marcha.

—¿Y el perro? ¿Qué se hace con el perro? –preguntó el novio.

—Llevémoslo –intervino Sergio, que había cobrado simpatía por aquel hermoso animal, que se le arrimaba, adivinando en él un protector.

Se organizó la comitiva. Padre e hija, y otra mujer con un niño en brazos, se instalaron en el carro menos atestado; el novio y Sergio, a pie, guiaban los otros dos; el padre y un hermano del novio iban a caballo; el perro, sin necesidad de ir atado a un carro, les seguía fielmente, buscando la proximidad de Sergio.

Tendieron una mirada por la anchura del campo. Oscurecía ya. El rumor del lejano desfile se había hecho más rítmico y más firme. No eran ya campesinos fugitivos, sino tropas rusas que hacían su retirada en correcta formación, no con el pánico de las desbandadas en el ¡*sálvese quien pueda*!

El grupo de viajeros volvió a dudar y a deliberar. El padre, furioso, juraba y renegaba de la codicia cominera de su hija, por cuya culpa se habían retrasado y se veían en nuevo conflicto.

A las mujeres les atemorizaba un poco la idea de incorporarse a las tropas; esperar más y avanzar solos, era aún más peligroso. La noche se cernía deprisa aumentando los recelos y la angustia.

Sergio tuvo una idea. La de acercarse él primero a modo de embajador a las tropas y pedir consejo e informes a cualquiera. ¡Hasta quién sabe si sería una insensatez la huida entera del pueblo, sobrecogido por prematuro pánico o por el sugestivo don de imitación que le obligó a seguir a los demás!

El plan fue aprobado y Sergio se adelantó siempre con el mismo alegre impulso del corazón. El perro lo seguía dirigiéndole de cuando en cuando una mirada llena de lealtad y de ternura.

Ya estaba cerca de las tropas, cuando... ¿cómo pudo suceder la catástrofe? Él mismo no se dio cuenta. Oyó grandes clamores.

—¡El enemigo está ahí!

Y sin saber cómo se vio primero a pocos pasos y después completamente envuelto en la batalla, en un confuso tumulto de combatientes, entre un ruido infernal, iluminada la sombría noche por los fuegos bélicos, aturdido, con su fiel amigo el perro, que con el pelo del lomo erizado, se aprestaba a defenderlo...

Sergio recibió un balazo en el pecho; no lo sintió y se sorprendió de verse caído en el suelo, sin saber cómo. Después experimentó un gran desvanecimiento y ya no supo más de sí mismo.

Cuando recobró el sentido, al cabo de muchas horas, fue una sorpresa, entre feliz y enternecida, la de ver a la novia inclinada sobre él, con esa mirada ansiosa y trascendental de las despedidas para siempre... Los demás también le rodeaban; ¿por qué le miraban así? El novio le tenía una mano fuertemente oprimida entre las suyas. ¿Se había alejado el enemigo? Sí; iba en persecución de los rusos, hacia el Norte. Ellos, en cuanto pasó el peligro inmediato, fueron a buscarlo al campo de batalla donde había muchos muertos y heridos. ¿Y el perro? Otra víctima de la guerra...

Los pequeños ojos negros de la novia, siempre fijos en Sergio, vertieron un raudal de lágrimas. El herido se incorporó mudo de emoción. ¿Cómo? ¿Había en el mundo quien llorase por él? ¿Acaso podía nadie sentir su muerte? ¡Y aquel buen camarada que estrechaba entre sus manos cálidas su mano ya fría, como si quisiera comunicarle el calor de su vida!

Luego, en torno suyo, la noche se hizo tan densa que ya no le permitía ver ni las altas estrellas que habían asistido a la batalla como las vestales a las antiguas luchas de los circos, ni aquel grupo de amigos de un día que se estrechaba en torno suyo. ¿Iba a entrar en la noche eterna? Nunca le había parecido tan grata la vida. Sentíase dormir en santa paz, con el espíritu anegado en aquel ambiente de dulcísima cordialidad.

* * *

Transcurrieron algunas horas; cuando el herido despertó, la luz delicada de la aurora, en la inefable del amanecer estival en pleno campo, iluminaba un panorama desconocido.

Sergio sintió el zarandeo del carro, el dolor de su herida, la suave caricia del aire matinal en su frente ardorosa, el recuerdo confuso de lo pasado, sintió la vida, en una palabra, con su interna sinfonía de emociones, con su policromía exterior.

Sus amigos le rodeaban siempre y un cerco de rostros cansados y pálidos se inclinaba sobre él y le preguntaban afanosamente. ¿Estaba mejor? ¡Oh, sí, bien del todo! Y el herido, feliz a pesar del ligero dolor físico, sonreía procurando incorporarse.

¡Oh, cuán bueno es abrir los ojos a la claridad del día, en los campos verdes, cuyas perspectivas prometían un vasto itinerario de libertad, después de haberse creído ya en el umbral de la noche suprema!

—¡Pobre Sergio! —exclamó su amiga con inflexiones fraternales en la voz— ¡Qué horrible día pasó ayer!

Sergio la miró con ingenuo asombro, sin saber qué replicar. ¡Aquel había sido el día más feliz de su vida!

VENCIDO

S EDUCIDA por la gallarda figura del militar –ave de paso en una pequeña provincia francesa– una de las más ricas señoritas de la población se casó con él, a despecho de las discretas advertencias de toda la familia, que preveía un sinfín de desventuras en semejante unión.

Previsiones desgraciadamente acertadas. El militar no poseía más cualidad que la del valor; desde muy joven, su conducta disoluta y bochornosa llegó a ser objeto de escándalo en el ejército. No se enmendó ni por asomo una vez casado. El último disgusto que proporcionó a su desafortunada mujer, fue el de morir en duelo por una bailarina rusa.

La viuda, a los treinta y tres años se vio con dos hijos varones, con la fortuna comprometida, con el corazón desprovisto de toda ilusión en la vida y con la cabeza enteramente blanca.

Su familia, al verla en tan desastrosa situación, depuso el enojo, le abrió las puertas del antiguo hogar provinciano, y su padre, todo probidad y honor, se dedicó a rehacer la caída fortuna de su hija, y lo consiguió a fuerza de sacrificios, laboriosidad, tino y economía.

Dedicose también a la educación de sus nietos, en cuya ocupación ponía todo el celo del profesor y toda la ternura del abuelo. Estudió las nacientes inclinaciones con el interés de quien descifra en ellas el oscuro problema del porvenir. Pronto pudo comprobar que el carácter del padre se manifestaba en ambos aunque de muy diverso modo, como si concretamente hubiese repartido a cada cual en herencia sus diferentes cualidades y defectos.

El mayor, Jean-Louis, tenía el mismo valor, rayano en temeridad, de su padre, las mismas decididas aficiones militares, la misma impetuosidad; pero unía a esto el severo concepto de la vida de su abuelo materno, su rectitud impecable; y de su madre el espíritu de sacrificio, el sentimiento religioso; cualidades realzadas por una inteligencia superior a la de toda su familia.

Su hermano, Gaston, era el reverso de la medalla; haragán desde pequeño, aborrecía toda disciplina, pero como poseía una independencia sin valor, recurría a toda clase de ardides y ficciones para no hacer lo que le mandaban, sin rebelarse nunca abiertamente, siempre temeroso del castigo. Él odiaba a su abuelo y a su hermano, y toleraba a su madre, sin amarla, porque notaba que lo desconocía hasta el punto de sentir por él una secreta preferencia sobre el otro hijo.

A los quince años tenía una de esas fisonomías de precoces viciosos, asimétrica, de tez pálida, velados ojos y equívoca expresión, donde la juventud aún extiende algún encanto, pero que llegan a ser repulsivas antes de los cuarenta años.

Mientras el mayor seguía con brillantez la carrera militar, el pequeño empezó sus barrabasadas, mal contenidas por la mano, ya caduca del abuelo, y alentadas por la complicidad de la madre que ofuscada por el ciego amor hacia su hijo, decía siempre: —Algo hay que conceder a la juventud.

En este *algo* el jovenzuelo se adjudicó verdaderas enormidades. Dos veces se escapó a París. Una de ellas, lo fue a buscar su abuelo y lo halló en la más miserable situación, al cabo de breve tiempo; estaba enfermo y había contraído deudas inverosímiles. A la segunda escapatoria del bribón, el pobre abuelo, ya octogenario, completamente desengañado de él, se negó a ir a buscarlo a pesar de las súplicas de su hija.

—Este chico te arruinará, es la segunda edición de su padre; es aún más despreciable porque es un cobarde, un traidor.

Tenía el mozo dieciocho años, y no sabían apenas de él en su casa, cuando sobrevino la guerra europea. Jean-Louis, lleno de ardiente, de patriótico entusiasmo, se felicitó por haber seguido la carrera de las armas y acudió a su puesto de honor, a primeros de septiembre de 1914, en Nanteuil-Vitry-le-François, cerca del Marne.

—¡Oh, hijo mío! –le dijo su abuelo al abrazarle, llorando, en la despedida–. Que Dios te proteja y recompense tu valor y tu nobleza… ¡Cómo podía imaginar a mis años que aún me quedaban días tan amargos, que había de ver a la patria en peligro, y separarme de ti, que eres mi consuelo!

La madre también estaba atribuladísima, y los primeros días nada dijo el buen señor, por no exacerbar su pena, pero al fin le habló así:

—Hija mía, no debemos afligirnos por nuestro Jean-Louis, que cumple como buen francés y como hombre de honor, y acaso Dios querrá devolvérnoslo sano y salvo; pero sí me aflijo cada vez que pienso en el otro perdido, que anda por ahí deshonrado su nombre, hecho un canalla, y a quien ir a las trincheras podría redimir de su mala conducta. He resuelto ir a buscarlo para obligarle a cumplir con el deber.

La madre bajó la cabeza… y aquella misma tarde, el jefe de familia hizo su maleta y tomó el primer tren que salía hacia París.

* * *

Bien informado estaba del curso de la guerra el joven Gaston. Su primera impresión ante los magnos sucesos, fue de temor personal, la idea de verse obligado a ir a las trincheras. Enseguida reflexionó en los medios de evitar esta catástrofe. Afortunadamente –pensó– me parece que soy algo estrecho de pecho para el servicio militar; acaso esto es dudoso, pero cuando la balanza oscila, uno puede inclinarla donde mejor le parece.

Precisamente estaba él aquellos días ilusionadísimo con la vida que llevaba. Había encontrado, hacía algunas semanas, una protectora, ya madura pero aún espléndida, enamorada de la frágil adolescencia de este muñeco vicioso, una mujer formada de ese barro de donde se sacan las estatuas vivas de las grandes pecadoras. Tenía la frente de un centímetro, ininteligente y obstinada; las facciones incorrectas y sensuales, cubiertas de una piel de pura seda, deslumbradora de frescura y salud; un cuerpo demasiado macizo, de exageradas curvas; instintos por un lado rapaces y por otro derrochadores; astucia a falta de inteligencia; temperamento caliente y corazón frío; indolencia absoluta: un verdadero ejemplar en su género.

Encaprichada por Gaston, pero con un amante muy celoso, había discurrido tener al joven en su casa como si fuera su criado, cuando en realidad era no solo su amo sino su tiranuelo. Él no se avergonzaba de vestir la librea de la servidumbre, y cuando su abuelo, cuya figura inspiraba veneración por sus años, sus pesadumbres y su nobleza, se presentó en casa de la indigna mujer, no se sonrojó de recibirlo en tal mansión y en tal traza.

El anciano se hizo cargo en un abrir y cerrar de ojos de la situación del muchacho. Un poco pálido, pero con gran dominio sobre sí mismo, no quiso malgastar tiempo y palabras en vanos reproches y fue derecho a su asunto.

—Tu hermano está en la guerra –le dijo por vía de exordio.

Gaston por toda respuesta, hizo un gesto de cínica indiferencia.

—Ya veo que te tiene sin cuidado –añadió el abuelo conteniendo su dolorosa indignación.

—Hace su oficio –contestó el chico, mirándose las uñas que llevaba pulimentadas como espejos.

—Su oficio es hoy el de todos los jóvenes que tienen un átomo de pundonor.

Gaston calló y empezó a frotarse las uñas de la mano derecha contra la manga izquierda de su guerrera.

—A menos que tú no tengas ni ese átomo...

—Soy estrecho de pecho –replicó el nieto sin dejar su ocupación–. Estoy libre del servicio militar. He conseguido..., tengo un certificado médico –añadió corrigiéndose.

El abuelo le dirigió una mirada de profundo desprecio, capaz de enrojecer como una bofetada la mejilla de quien aún conservase un ligero vestigio de dignidad, pero el joven permaneció impasible.

—No lo creo –expresó con firmeza el anciano–. Te habrás procurado el certificado sabe Dios con que ardides; tú puedes manejar el fusil. Ahora mismo vienes conmigo a presentarte nuevamente a las autoridades militares, a la inspección sanitaria, y allí veré yo si eres estrecho de pecho o estrecho de corazón, como yo imagino.

—Inútil –replicó Gaston fríamente–. No voy. Soy libre. Me he emancipado. Mejor harías en entregarme la parte de hacienda que me corresponde y no me vería obligado a llevar esta librea –terminó con una sonrisa odiosa.

Estas frases acabaron de exasperar al viejo, que se irguió amenazador y majestuoso.

—¡Ah, te rebelas! ¡Te vuelves contra la familia y contra la patria! ¡Te atreves a culparme de tu ignominia! ¡Me desafías! Está bien. Yo a mi vez te considero, no como a nieto, sino como a enemigo, como un *embusqué*, como un miserable a quien descubriré para no ser cómplice de sus cobardías. ¡Cómo! Yo he rehecho la fortuna de tu pobre madre ¿y tú me la pides para disiparla en vicios? Tu hermano, el bueno, el honrado, el consuelo de la familia, está en las trincheras, ¿y tú, nuestro azote, vives en el placer y la farsa? ¡No lo permita Dios!

* * *

El abuelo se informó de quien había procurado el certificado de invalidez a su nieto. Era precisamente el mismo que sostenía a la fulana, un hombre de más de cincuenta años, médico, cuyo sanguíneo rostro expresaba las más violentas pasiones.

El abuelo se entrevistó con él y dominándolo moralmente con la autoridad de la razón, le dijo:

—Pues bien; no solo ha falseado usted un tanto a la verdad, no solo ha faltado usted a la probidad profesional, no solo ha cometido usted un delito contra la patria, sino que ha hecho usted una insigne tontería. Mi nieto, que usted cree cándidamente el criado de su querida, es su amante. Vea usted lo que ha hecho protegiendo a ese perdido.

* * *

El celoso se quedó aterrado. Aquel hecho no le había pasado siquiera por la imaginación, pero una vez revelado, ataba cabos sueltos, recordaba mil detalles, examinaba sobre todo el mal disimulado interés, la extraña insistencia con que su querida le había solicitado el certificado, allanando las dificultades que él oponía, y no le quedaba la menor duda sobre la realidad de su desgracia.

Impulsivo y violento, se dirigió inmediatamente a casa de su querida, hirviendo de rabia, sin meditar ningún plan, dispuesto a cualquier atrocidad.

Le salió a abrir Gaston, doblando el espinazo al verlo, y con su sonrisita falsa en la cual el amo no había parado mientes otras veces, pero que esta vez colmó su furor, como si descubriese en aquella traidora sinuosidad de los labios, mudos insultos, burla solapada, la comprobación patente de la amarga verdad que le mordía el congestionado cerebro.

Alzó el brazo enhiesto, rematado en formidable puño de boxeador y lo descargó como una maza sobre el rostro delicado del vicioso adolescente; vaciló el chico, agitando los brazos para restablecer el equilibrio; sintiose ciego de dolor y aturdimiento, y aún no había tenido tiempo de aprestarse a la defensa, cuando una tempestad de reveses y puñadas, lo derribó sobre la alfombra con la cara sangrando, un ojo pocho, un brazo roto en el violento escorzo de la mala caída... Contra la arista de un armario se había herido también en la cabeza, cerca del pulso. Y allí en el suelo, el bárbaro ofendido prosiguió su innoble venganza, a puntapiés, exaltándose con su propio furor, hasta coger una silla, y sin darse cuenta de lo que hacía, golpear con ella la cabeza indefensa de su víctima.

Acudieron al ruido de la desigual pelea y a los aullidos de dolor de Gaston, la dueña, la cocinera y una doncella... El bárbaro, con los ojos inyectados en sangre, estremecido de alto abajo por un fuerte temblor nervioso, blandiendo la silla rota como un arma, se quedó mirándolas, espantado y espantoso. La puerta que daba a la escalera había quedado entreabierta. Las mujeres, atentas a la víctima, no advirtieron la evasión, la desaparición del brutal. La dueña, angustiadísima, llorosa, con un vago terror que su pensamiento pugnaba por ahuyentar, procuraba incorporar al herido, apreciar la magnitud de sus lesiones.

—¡Gaston!

El desdichado dejó oír un lamento infantil.

—Ayudadme a llevarlo a la cama —ordenó ella a las mujeres— y enseguida, al momento, que se avise al médico de la casa de socorro.

∗　∗　∗

El dictamen de este dejó aterrada a la pecadora. Gaston estaba herido de muerte.

¡Haber huido de la muerte, para morir así, en el cieno de la degradación! En la hora larga de la agonía, su miseria moral igualaba a sus padecimientos físicos. El rostro humano, donde generalmente la muerte imprime un sello de tan dramática serenidad, en él no era

sino un horror donde las líneas fisionómicas habían sido deforma-
das por el zarpazo del vicio. –¡Triste vencimiento!

* * *

La madre, cuando descubrió el crimen, reclamó el cadáver de
su hijo, siempre amado, amado hasta más allá de las culpas y de la
muerte.

Y cuando el hijo mayor, después de largos meses de cautiverio
–pues tuvo la desgracia de caer prisionero muy pronto–, después
de innúmeros padecimientos sobrellevados virilmente en aras de la
patria, volvió entre los suyos, lloró sobre una tumba del pequeño
cementerio provinciano, en cuya lápida de piedra, con la sencilla
inscripción de una fecha trágica, no permitió el abuelo grabar el
nombre infame del vencido sin gloria.

DIÁLOGO IMAGINARIO

*E*L *Caballero del Verde Gabán* y *El Ventero*, saliendo de las páginas del Gran Libro para darse una vueltecita por la vida real, no más real que la del libro, ya que somos los personajes de carne y hueso, de sustancia más efímera que los propios personajes librescos.

EL CABALLERO DEL VERDE GABÁN.—Dejo las ociosas páginas como en otro tiempo las ociosas plumas para ver cuál anda este mundo de los nuevos tiempos. Gran pórtico dejamos atrás; miremos hacia delante. ¿Esta es España? En las calles de la Corte estamos, amigo. Mal año para los sastres de nuestro siglo; que si ellos osaran trazar y coser vestidos como los presentes, desterrados habrían de salir del reino, después de bien azotados, y merecido lo tendrían por tan feos atrevimientos.

EL VENTERO.—Considere vuestra merced, ¡pecador soy a Dios!, que estos adefesios que agora vemos, señales son de los adelantos de los tiempos, y llámanse *progreso* según yo muchas veces tengo ya oído; pues sabido es que no se va a estar la gente sin crecer ni menguar, como figuras de paramento.

El Caballero del Verde Gabán.—¡Válame Dios y qué mal estaría don Lorenzo, mi hijo, en esta época y cuán especial favor de la Providencia fue el de haberle permitido nacer en aquella! Que él ni aún entonces se conformaba y andaba echando de menos los pasados tiempos, como era uso de todos los poetas; y engañábase a mi parecer, porque en todo tiempo y lugar hay cosas grandes y altas por hacer y por cantar; y quiérote poner por ejemplo patentísimo estas guerras presentes de las cuales tenemos noticias mínimas y puntuales por estas hojas de papel impreso tan dilatadas como baratas.

El Ventero.—Cierto que su lectura me regocija tanto y más que la de aquellos libros de caballería que yo escuchaba rodeado de mis segadores, y que me quitaban mil canas, mientras mi hija y la buena Maritornes, con achaque de hacer labor, no perdían palabra de aventura. ¡Estas de agora sí que son caballerías positivas, verdaderas y palpables y no aquellas mentirosas y desatinadas de los Amadises, Belianises y Esplandianes! ¡Por estas palestras sí que pudiera y debiera perder el juicio aquel caballero que alojó en mi venta y horadó mis cueros, don Quijote, digo!

El Caballero del Verde Gabán, reposadamente.—Eso no, amigo, hilo de Ariadna en este revuelto laberinto de la vida es el juicio y en ninguna manera ni ocasión, ni por asunto propio ni ajeno, ni en amores ni en guerras, ni por cosa ninguna, debe perderse tan estimada prenda. Españoles somos, en nuestras viñas estamos; si los demás se pelean o no, allá se las hayan y con su pan se lo coman; que nos dejen a los caballeros católicos y pacíficos con nuestra abundancia, nuestras comodidades, nuestro perdigón manso y nuestro hurón atrevido; y quédese para los caballeros de los Leones –cuyo ejemplo, Nuestro Señor nos guarde de imitar– el preocuparse de lo que no les va ni les viene.

EL VENTERO.—Desa manera, vuesa merced será destos que agora llaman *neutrales*, por parecerles muy en daño de la república el no serlo...

EL CABALLERO DEL VERDE GABÁN.—Y pienso que tú, a despecho del gusto que te causa la lectura destos nunca vistos ni previstos sucesos, serás de mi parecer en este negocio.

EL VENTERO.—¡Oh, como lo yerra vuesa merced, señor mío! Por algo me tengo mi arma en mi armario y mis ojos para ver y mi seso para juzgar, tuerto o derecho, pues no me lo habrá puesto Dios entre los cascos para no ejercitarlo como pudiere. Yo tengo muy bien examinadas todas las pruebas deste pleito y fallo en consecuencia a favor de los alemanes, bravas gentes, fuertes como cuatro y que así se beben un tonel de cerveza como un español medio cuartillo de vino; y no crea vuesa merced que por eso hacen ascos ni melindres al jugo de las viñas, que como en sus manos estuviera, apuesto que antes rodaban por el suelo que soltar la bota. ¡Buenos parroquianos de venteros!

EL CABALLERO DEL VERDE GABÁN.—Muy entusiasmado te veo, y paréceme que no vas en zaga a la locura de nuestro buen hidalgo manchego.

EL VENTERO.—Eso no, pues aunque grande afición tengo a los alemanes, no solo por estas gracias que te he dicho, sino por muchas otras que si las declarase todas sería el cuento de nunca acabar, lo de echar mano a la espada por defenderlos, o dar un maravedí de mi bolsa, ya es harina de otro costal y yo no había de hacerlo aunque me lo pidieran frailes descalzos, máxime siendo tan en daño de nuestro reino como a mí me han dicho. Y don Quijote era siempre diciendo y haciendo, como vuesa merced bien sabe; sin contar con que él de fijo se hubiera puesto de parte de los aliados, basta que fueran primero los atropellados y ofendidos; y precisamente por esto voy yo con los otros, porque ya en mi siglo me acaecía holgarme siempre de ver el denuedo y bizarría con que a lo mejor arremetía un hombre con un fiero garrote a su contrario en viéndole dormido o distraído, o sin armas.

EL CABALLERO DEL VERDE GABÁN con grandísimo enojo.—¡Tente, desdichado! A infieles defiendes, y sábete que con peores infieles están aliados, con los turcos, contra los cuales peleó nuestra España y nuestro padre común, el gran Cervantes. Enemigo de tu natural religión te muestras y solo oírte –¡oírte yo, el devoto de Nuestra Señora!– me da grima y enfado.

EL VENTERO.—¡Calle, señor, y abra esos ojos, y despabile ese entendimiento! ¿Pues no sabe que agora ya no hay Inquisición, ni cuadrilleros de la Santa Hermandad, ni cosa parecida? Y siendo esto así, podemos ponernos de parte de quien se nos antoje, ora sea católico o herético, sin que nos vayan a la mano. Si los herejes son ricos y pegan fuerte y comen por seis y beben por doce, no se me da de toda la cristiandad una higa. A buen cristiano, cierto, no me gana nadie, si no me va nada en no serlo. Y le hago saber, señor don Diego de Miranda, por si no ha llegado a su noticia, que estos infieles alemanes que tanto le escandalizan, son los más sabios del mundo hogaño, si antaño anduvieron a la cola.

EL CABALLERO DEL VERDE GABÁN.—La principal sabiduría es el temor de Dios y sin ella toda humana ciencia es vanidad y humo.

EL VENTERO.—Pues los ingleses tampoco son muy católicos y quien los defienda cae en el mismo pecado. ¿No ve, señor mío, que en este campo de Agramante en que se ha convertido el mundo, como una vez se convirtió mi venta por obra y gracia de don Quijote, acá se pelea por la espada, acullá por el yelmo, pero en ninguna parte por la religión? A lo menos, yo no he visto aún a esa señora.

EL CABALLERO DEL VERDE GABÁN.—Pues si no anda la religión de por medio, maravíllome de que los españoles tomen parte, siquiera sea platónicamente, por unos ni por otros, y discutan y se apasionen y hasta haya quienes se lleguen a las manos; porque al fin por su religión, por su patria o por su dama, debe combatir todo buen caballero; pero ninguna destas cosas entran en juego en estas espantables lides; así que nosotros, amigo ventero, haremos bien en volvernos a nuestro libro, quiero decir, tú a tu venta y yo a la abundancia de mi aldea y a mis tobosescas tinajas, que tantos amorosos pensamientos remembraron a don Quijote; y dejémonos de juzgar pleitos modernos retrayendo razones antiguas; y si el extraño vestir de los presentes no les ha cambiado también el discurso, forzoso será que vengan a nuestro modo de pensar.

EL VENTERO.—¡Ay, señor, y cómo no está vuesa merced en el cuento! ¿No ve que bajo los sayos de ogaño como bajo los de antaño, los hombres han de estar divididos en sus opiniones y unos han de parecerse en poco o en mucho a don Quijote y otros a su escudero Sancho?

EL CABALLERO DEL VERDE GABÁN—Con todo eso, amigo ventero, vuélvome a mi aldea y a mis libros devotos y a mi rosario; y lo más que puedo hacer, y haré en efecto, será rezar porque Dios toque en el corazón a esos enemigos de uno y otro bando para que vengan presto a la paz, tan necesaria para la prosperidad general y la salvación de las almas. Y mi hijo de seguro les dedicará algún soneto, donde sacará a relucir mil antiguallas que él sabe, ensalzando el valor de unos, llorando la muerte de otros, y barajando los nombres de todos con singular acierto y donaire; con lo cual habremos cumplido, él como poeta y yo como cristiano; en cuanto a ti, eres de los que dicen: viva quien vence; y acaso te engañes, porque no sabemos quién vencerá aún en el campo de Agramante.

EL VENTERO.—¡Cuerpo de mi padre! ¿Pues hay más, si los aliados vencieren, que ponerse entonces de parte de ellos? ¡Mirad que gentiles escrúpulos le espantan agora!

EL CABALLERO DEL VERDE GABÁN.—Tú te conduces y te conducirán como quien eres: como un villano. Yo te disculpo porque en fin, todos no pueden ser caballeros, y doy infinitas gracias al cielo por haber repartido en mí la nobleza y en ti la villanía...

ANTES Y DESPUÉS DE LA GUERRA

D E complexión endeble, aunque no había sufrido enfermedades, de fisonomía incorrecta y terrosa, de expresión tímida, algo torpe de maneras, sin ningún bien de fortuna, el pobre mozo bretón era el último del pueblo, y jamás se hubiese atrevido a declarar sus sentimientos amorosos a la hija de su vecino, aquella blanca margarita de los prados, admiración y orgullo de su tierra.

Y además de hermosa, tan recogida, tan activa, tan buena hija, tan maternal con sus hermanos pequeños desde que faltó la madre, tan paciente, tan afable siempre... Era al mismo tiempo grave y sonriente. Y tan modesta que hasta la enfadaban los requiebros, y en la fuente, en misa, en el baile, rehusaba el mejor puesto que todos le brindaban.

* * *

El enamorado, no decidiéndose a confiar a nadie sus sentimientos, se volvió más tímido que antes o por lo menos, más esquivo y adusto, y agradábale, acabado su trabajo de labriego, el paseo solitario bordeando el mar, por un sitio escarpado y muy peligroso.

Era un romántico inconsciente, una especie de Chateaubriand sin cultura ni literatura, que asociaba involuntariamente la inmensidad de su amor y el tumulto de sus emociones, a la inmensidad del mar que sollozaba, rugía, se encrespaba, y quebraba contra los peñascos sus olas gigantescas, levantando espumas blanquísimas entre las brumas grises.

* * *

Ese fantasma que se llama Destino, va algunas veces, invisible y ligero, al encuentro de otro Destino lejano, del cual jamás hubiéramos podido sospechar que influyese en nuestra vida, porque hasta ignorábamos su nombre, su rostro, su paso, su existencia. Porque en París enloqueció una dama muy principal y muy rica, el curso de la vida del campesino bretón debía cambiar radicalmente.

El médico recomendó a la enferma aire libre, brisas marítimas, todo lo que pudiera tonificar su organismo depauperado; no daba muchas esperanzas respecto de su salud cerebral, pero en fin…

El padre, atribuladísimo, no quiso llevarla a playas concurridas y lujosas, donde su desventura tuviese numerosos testigos; prefirió un sitio aislado y precisamente escogió el pueblo de nuestro héroe. Compró allí a bajo precio una mansión señorial medio arruinada y medio abandonada de sus poseedores; la hizo reparar confortablemente y con arreglo a las dramáticas necesidades de un manicomio particular; y un hermoso día de fines de invierno, se instaló allí con su pobre hija, con dos loqueros y con alguna servidumbre.

Era la loca una mujer de unos cuarenta años, alta y delgada, no exenta de cierta agreste gallardía, aunque al andar, la falta de ritmo de su paso, ya lento, ya rápido, ya oblicuo, ya ondulante, traicionase al punto el desorden mental, hasta en sus días más tranquilos. Había enviudado hacía un año, el mismo del comienzo de su locura, y achacábalo todo el mundo al fiero dolor moral producido por la inesperada viudez; afirmaba el doctor alienista que la causa de la locura se escondía ya en el oscuro y misterioso laberinto orgánico, cuyas profundidades reservan a veces, acechando durante generaciones, espantosas sorpresas. Sea como fuere, ella estaba loca de remate, aunque raras veces furiosa, sin manía fija, y capaz de razones, aunque no de razón. Sus expresiones revelaban no ya una inteligencia clara, sino verdadero talento, pero el hilo de lógica que engarzaba este collar del entendimiento se había roto, dejando dispersas las irisadas perlas de las ideas.

El pueblo demostró la natural curiosidad a la llegada de una familia de señores tan fuera de lo corriente. Como el señor era afable y generoso, pronto se ganó las simpatías del lugar. Apartándose todos respetuosamente cuando en las mañanas dominicales le veían llegar a misa con sus criados, vestido de negro, con aire de serena gravedad, pero con la actitud encorvada, como si su organismo se doblegase, no bajo la edad, sino bajo la inmensa pesadumbre de aquella desgracia.

Preguntábanle con tono compasivo por su hija, y él contestaba invariablemente, con su afabilidad un poco altiva de gran señor:

—No está muy mal, no; muchas gracias, buena mujer; gracias fulano.

La hermosa margarita de los prados –como en sus mudos soliloquios la llamaba siempre su enamorado– iba a vender huevos a casa de la loca; una vez la recibió ella misma y la muchacha volvió encantada de su bondad ingenua, de la gracia de sus maneras, y compadeciendo en el alma su locura, que parecía, en efecto, sino corregirse, calmarse en aquella tónica y solitaria costa.

Su padre y uno de los loqueros salían con ella a largas excursiones; y la pobre inconsciente no se desmandaba nunca, siguiéndoles dócilmente, aunque siempre a vueltas con sus incoherentes ideas, interrumpidas a lo mejor por una risa de una sonoridad sin expresión, que helaba las esperanzas en el corazón de su padre.

Distraíala sobre todo la vista del mar, con su movimiento incesante, sus variaciones de color, sus juegos de luz, su oleaje tumultuoso en lucha con las oscuras rocas, sus férvidas espumas, su ronca y estridente voz y todo el aparato de tragedia que despliega siempre en la costa bretona. Sus dispersos pensamientos se lanzaban como gaviotas sobre la alterada inmensidad entre el revuelto mar y el nebuloso cielo.

Una tarde, al oscurecer, el romántico mozo paseaba por la costa, cuando vio de pie sobre un alto peñasco rodeado del oleaje como un pequeño islote, a la loca, que miraba a lo lejos, apartando del rostro la oscura melena que en mano del viento le azotaba la frente. El mozo se sorprendió de verla allí, sin las ropas empapadas en agua porque las rocas más próximas distaban un metro largo; sin duda había pasado con uno de esos ágiles saltos que la cordura, no tratándose de un acróbata, no se atreve a ensayar.

La silueta de la señora se erguía en la roca como sobre un pedestal, inmóvil, derecha y airosa, con una mano formando tejadillo sobre los ojos, aunque ya no los hería el sol; únicamente el pelo, no largo, y el borde de la falda se movían a impulsos del viento.

Andando muy deprisa, se iban aproximando a la viva estatua, el padre y uno de los loqueros. Este gritó al joven:

—No haga usted ningún movimiento ni se le acerque, no sea que se asuste.

El joven permaneció quieto.

—Vamos, hija mía, vuelve –exclamó el padre con asustada impaciencia.

Ella entonces hizo ademán de que no, irguiendo la cabeza en orgullosa actitud de desafío.

El padre suspiró.

—Vea usted –dijo al loquero–, como se las arregla para pasar ese peñasco, y oblíguela a venir.

La loca oyó perfectamente la orden y se quedó mirando a su guardián con ojos centelleantes. El mozo, excitada al fin su curiosidad, contemplaba con interés la escena, a la cual prestaba grandiosidad el escenario. El loquero se descalzó, se arremangó el pantalón sobre la rodilla y se metió en la especie de estrecho formado entre el islote y la costa, donde el agua no era profunda, gracias a un suelo de roca sumergida; el agua le llegaba solo a media pierna; de pronto una ola sacudió sus crines de espuma hasta por encima de su cabeza; el hombre se agarró a una escarpadura del islote e iba a trepar ya, cuando la loca dejó oír su metálica risa, y se precipitó en el mar con los brazos abiertos, con ímpetu suicida.

El padre dio un grito ronco y pareció implorar al loquero con su actitud desesperada, pero el servidor, pálido y perplejo, miraba el remolino de espuma que se cerró sobre el cuerpo de la desgraciada, sin atreverse a lanzarse porque no sabía nadar y el oleaje, batiendo con furia sobre los arrecifes, era allí por demás peligroso.

El mozo bretón no vaciló; y despojándose de su chaqueta, se echó denodadamente al agua, en socorro de la víctima, la cual, sintiéndose asir de las ropas, y con el instinto de conservación súbitamente despierto, se enlazó al cuello de su salvador con tan feroz energía, que a pesar de los desesperados esfuerzos del muchacho, lo llevó a fondo tres veces y en poco estuvo que le hiciera perder la vida juntamente con la suya, pero al cabo pudo más la voluntad heroica y el padre consiguió abrazar a su hija y con no menor efusión al valeroso muchacho.

* * *

Proponíase el desgraciado señor hacer cuanto pudiera por mostrar al salvador de su hija, su agradecimiento y más cuando se enteró de que pertenecía a familia pobre. Pero apenas si tuvo tiempo de empezar a poner en obra su pensamiento, cuando destinaron al mozo a la guerra.

El señor, al despedirlo, le aseguró con muchas veras que podía marcharse tranquilo respecto de sus padres y de dos hermanos pequeños, los cuales de nada carecerían en su ausencia. Acompañábale también, en la despedida, la loca, aquellos días muy pacífica, y el soldado, compadecido a su vez del infortunio de ellos, les prometió rezar en el trayecto por la salud de la pobre señora, y si Dios disponía que él pereciese en la guerra, ir *personalmente* ante la divina Presencia para implorar misericordia; y con esto y con no pocas lágrimas de todos, incluso de la margarita de los prados, que se halló presente a la despedida, el mozo bretón dejó su tierra, su familia, su amor y sus protectores, para cumplir con los deberes de la patria.

* * *

Poco más de medio año tardó en restituirse a su pueblo, después de combatir como bueno. Había sido herido en un hombro y en el pecho, y estas heridas habían producido una anemia profunda en su poco robusta constitución. Por esta causa le dieron la licencia y el pobre mozo, más contento que unas pascuas, volvió entre los suyos. Encontró el hogar mucho mejor provisto de cómo lo había dejado; una hermosa vaca con su ternerillo en el antes vacío establo, un campo desempeñado, la pequeña hacienda próspera y ensanchada; en todo se veía la mano del agradecido señor.

Dijéronle que la loca mejoraba de razón y se acordaba algunas veces de preguntar por él y que no solo el señor, sino ella misma había escrito las cartas de la madre cuando él estaba en la guerra y leído las que recibían.

En cuanto a la margarita de los prados seguía sin novio. Muchas tardes acompañaba a la loca para distraerla, con gusto y gratitud del padre. Aquel mismo día, para presenciar la entrevista, quiso ir a la casa del señor con el mozo, un poco orgullosa en el fondo de tener por vecino a un héroe.

El cual fue recibido con los brazos abiertos, y hasta los criados lo miraban con interés y admiración, deseosos de oírle hablar. ¡Y a fe que en eso del explicarse bien y con desenvoltura sí que estaba cambiado! Nadie hubiera dicho que era el mozo encogido y tímido del año anterior. La vida de campaña, el convencimiento del propio valor, el interés que advertía en sus oyentes, la variedad de emociones y recuerdos, su ensanchada visión de la vida, todo contribuía a darle un aplomo y una facilidad de palabra que nadie hubiera sospechado en él.

Narraba aventuras heroicas, propias o ajenas, sin fanfarronería, pero sí con entusiasmo que brillaba en las pupilas claras, bajo el expresivo y móvil arco de las cejas, y coloreaba ligeramente la palidez enfermiza de sus mejillas.

Había combatido en los Vosgos y entre Fontenelle y Launois había ayudado a conquistar fuertes posiciones[1]. ¡Prisioneros alemanes! ¡A cientos! Fue en julio, en unos hermosos días en que tuvieron el santo de cara. ¡Ah, si siempre hubiera sido así!

Cuando el mozo describía, era un rústico poeta; cuando contaba sus recuerdos nostálgicos, un sentimental; cuando discurría sobre los motivos de la guerra, un filósofo cristiano; cuando callaba, su fisonomía pálida y tranquila expresaba estoicismo, inteligencia, fe en sí mismo, severa marcialidad.

Había sido zapador, *sapeur*; y contaba, con su sencillo y animado lenguaje, su dura tarea: cómo hacían adelantar las galerías subterráneas, cómo los sombríos túneles se encontraban y se cruzaban, cómo se acercaban a la zapa enemiga cuyas minas oían preparar con sordo ruido los trabajadores. Describía el periscopio, mágico espejo, precioso objeto encantado, en cuya embrujada superficie se reflejaban las escenas lejanas, en miniatura, con una nitidez, con una precisión tan impecables, que hasta se distinguían los mostachos rubios o rojos de los soldados enemigos, los detalles de sus uniformes, y las menudas florecillas entre la hierba. Explicaba cómo rasgaba el cielo una expedición de aviones, proyectando sombras gigantescas sobre el suelo.

---

1. La línea del frente se había fijado en septiembre de 1914. En junio de 1915 la colina de La Fontenelle fue tomada por las tropas alemanas y un mes después reconquistada en un violento contraataque donde cayeron prisioneros 1.500 alemanes.

Recordaba rasgos de heroísmo, de fraternidad o de buen humor y de ingenio de sus compañeros, acciones dramáticas, momentos malos de susto o de cansancio, su vida en la ambulancia; imitaba a los jefes, a los enfermeros, a los prisioneros alemanes, y entretenía al auditorio con las mil peripecias de la vida de campaña.

* * *

La loca lo escuchaba con atención, con apacible cordura, con interés un tanto pueril, porque cuando los demás reían, a causa de algún detalle chistoso, o de una exclamación viva del narrador, ella se reía también, como una niña. Tenía el alma tan pendiente de los labios del héroe, que, sin darse cuenta, imitaba sus gestos, alzando las cejas cuando él las alzaba, e inclinando la cabeza a la par de él. Algunas veces se pasaba la mano por la frente, con ademán un tanto brusco y rápido, como si quisiera apartar de su cerebro el ave siniestra de su locura.

* * *

Pero lo que más le alegraba a él, lo que le enorgullecía, lo que le estimulaba a desplegar mayor cantidad de colorido narrativo, era sentirse escuchado por su vecina, que sin alterar su placidez habitual, no perdía palabra de los bélicos relatos.

El señor, viendo a su hija tan embelesada, le rogó que todas las tardes, puesto que su convalecencia le impedía trabajar, fuese a pasar siquiera una hora a su casa; invitó también a la gentil bretona, a cuya grata compañía tanto se había aficionado la pobre loca.

* * *

¡Ah, qué horas tan felices las del convaleciente, en aquel comedor confortable, en un sillón junto a la chimenea, donde brillaba alegre llama, rodeado de sus bienhechores, al lado de su vecina, que cosía silenciosamente, con la hermosa cabeza inclinada sobre su labor, y el oído atento, y que de cuando en cuando le dirigía una mirada y una sonrisa!

¡Sí, felices horas! Por la amplísima ventana de anchos cristales biselados, se divisaban rocas nevadas, una colina coronada de oscuros pinos que el viento hacía vibrar como agrestes arpas, y el inmenso mar cuyo horizonte fundía las grises brumas con el cielo; oíanse las voces estridentes, prolongadas y amargas de los elementos, esas voces que dan a las almas bretonas su temple religioso y grave. Pero allí dentro, un tibio calor de nido, una cordialidad íntima y dulce invadían cuerpo y espíritu.

Después regresaban juntos los jóvenes vecinos sin que a él se le ocurriese decir ya nada a la muchacha, aunque su corazón desbordase de muda y magnífica ventura.

* * *

Una tarde, el señor miró alternativamente a los dos bretones y sonrió con aire malicioso:

—Muchachos –dijo de repente con la mayor naturalidad del mundo–: ¿Por qué no os casáis los dos? Haríais buena pareja.

Ambos se miraron, ella toda encendida, y él más pálido que de costumbre.

—¡Oh –exclamó el mozo procurando no atragantarse– si ella quiere, por mí!...

—Pues si mis padres quieren, por mí... –repitió con graciosa y honesta franqueza la guapa moza.

—Vamos, ya veo –replicó el bondadoso señor– que de puro sencillo no se os había ocurrido lo que os digo.

¡Santo Dios, era tan sencillo! ¿Era siquiera posible? Y aún hay quien dice que la felicidad no existe...

* * *

¿Por qué se habían de oponer los padres? Querían al mozo como buen vecino; gracias a sus bienhechores no era ya ningún pelagatos; y su figura moral, antes tan borrosa, tan indiferente, por no decir tan desairada en el pueblo, había adquirido, de vuelta de la guerra, personalidad, relieve y prestigio.

* * *

La loca, de día en día más pacífica y con más largos intervalos de lucidez, quiso ser madrina de la novia.

La boda se celebró en pleno invierno, cuando todos los tejados estaban cubiertos de nieve y las ramas de escarcha, pero el corazón de los novios entonaba una canción de primavera, la eterna canción del amor y de la juventud.

Y en el rostro marcial del mozo bretón se adivinaba, allá en las lejanías del porvenir, el futuro tipo del veterano campesino, que en las veladas invernales, al calor del hogar, mientras fuera rugen el mar y el viento, narra a los nietos *cosas de la guerra*, con las cansadas pupilas animadas con un relámpago de entusiasmo y de nostalgia por *aquellos tiempos...*

LA CANCIÓN DE LOS TRENES BLINDADOS

Nos han revestido de corazón y casco de acero y nos dirigen al combate, rápidos, precisos y terribles. En nuestra comparación, el caballo de Troya que inmortalizó la fama es cosa de risa. Los soldados se asoman a las portezuelas a mirar el ancho paisaje; miradlo intensamente, bebed la luz del sol, saturad la pupila del verdor de la tierra, de la hermosura del cielo, de los horizontes conocidos del país natal, porque acaso será por última vez.

Se asoman a las ventanillas rostros rojos o pálidos, rostros feroces y también casi infantiles, de expresión llena de dulzura y simpatía, donde brillan ojos ingenuos, rostros que hace poco tiempo acariciaban las madres y que el Amor había fijado por suyos. La esperanza de la epopeya luce en algunas pupilas, mientras en otras se ve el fulgor triste de la nostalgia o de un presentimiento sombrío.

Algunas veces, antes de llegar a enemigas fronteras, los pueblos nos reciben con flores, con lauros, con aclamaciones delirantes, con cánticos entusiastas; nosotros, magnánimos y resplandecientes, nos detenemos, para proseguir enseguida nuestro férreo itinerario, dejando atrás un eco halagador. Pero al pasar la frontera, las flores se truecan en lluvia de metralla que rebota contra nuestra fuerte armadura.

Otras veces regresamos de la guerra conduciendo a los heridos; ya apenas asoma a los cristales una cabeza vendada, una cara macilenta, una mano exangüe. Conducimos a los inválidos, a los mutilados, a los enfermos, a los moribundos. Y entre las ranuras de nuestras aceradas piezas, la sangre se desliza en trágicos hilos.

Algún moribundo mira llegar la noche, temblando bajo su capote desgarrado, y contempla en silencio las constelaciones, sintiendo llegar con mudos pasos, la noche de su vida.

Somos lúgubres convoyes. Los hombres han querido que en lugar de materiales de trabajo transportemos materiales de destrucción; en lugar de la paz y la alegría, la guerra y el llanto; en lugar de la vida, la muerte. Sea. Es nuestra misión actual, y por eso nos han revestido de guerrera armadura.

Por el verde panorama de Francia, por las llanuras flamencas, bajo los túneles alpinos, por las nebulosas comarcas del Rhin, por la feraz campiña italiana, por las estepas rusas, al través de las selvas, bajo la lluvia y la nieve, desvaneciéndonos en las brumas o brillando bajo un tórrido sol meridional, de noche y de día, entre las ciudades férvidas de muchedumbre o desiertas, entre los pueblos incendiados, bajo las aclamaciones o las injurias, pasamos, guerreros formidables, lanzando al viento nuestro grito donde se funde la voz de la civilización con la voz de la barbarie en una sola: la voz del siglo XX.

RIVALIDAD

E<small>N</small> el risueño pueblecillo provenzal, era ya cosa olvidada de puro sabida, la mutua enemistad de los dos mozos Durand y Richet, hijo el uno del molinero y el otro del herrero de la localidad. Empezó la antipatía ya de chicos, en la escuela. Durand era más listo y Richet más aplicado; adelantaba más con su voluntad que el otro con su vivo entendimiento y el rezagado se creía víctima de una injusticia. En venganza Durand azuzaba su perro contra el de Richet cuantas veces se le presentaba ocasión. Los animales llegaron a odiarse tanto como sus amos y apenas se divisaban empezaban a gruñir sordamente, con el lomo erizado.

Andando el tiempo los muchachos siguieron los respectivos oficios de sus padres; Durand entonces no perdió ripio de burlarse de la cara negra del herrerillo y este a su vez de la cara blanca de su enemigo; solo que el joven molinero tenía más agudo ingenio y sus chistes hacían reír al pueblo a costa de Richet, con lo cual él palidecía de rabia bajo la sutil mascarilla de hollín.

Por su fisonomía relampagueante de vivacidad, por su donaire, por sus réplicas oportunas, por su facilidad para entusiasmarse y para desesperarse, por la pasión que ponía en sus palabras y en sus actos, el molinero provenzal parecía un andaluz de buena sombra; se ganaba enseguida las simpatías, agradaba a las muchachas, y en todas partes, con un chiste o con un desplante, dejaba su pabellón bien plantado.

Richet, tímido y reservado, casi adusto, de maneras lentas, inspiraba menos simpatías a pesar de su mirada clara, leal y humilde. Era tan robusto que si se hubiera llegado a las manos con su antagonista hubiera podido levantarlo en alto y estrellarlo contra un muro, pero con la nobleza de su fuerza, había rehuido siempre ese terreno, aunque en el del ingenio quedase derrotado, con vergüenza suya.

El caso que determinó la completa, la franca rivalidad de ambos mozos, fue la llegada al pueblo de una criada arlesiana que entró a servir al médico. Poseía esa finura de la silueta, esa palidez caliente y limpia, ese aterciopelado de los ojos, esa frescura de la boca, esa coquetería en el campesino vestir, esa belleza típica del país que Mistral enalteció sobre todas las bellezas del mundo.

Entre los muchos cuyo corazón se impresionó por la gentil forastera —la cual coqueteaba con todos sin aceptar a ninguno—, figuraban en primera fila Durand y Richet.

Parecía demostrar la criada cierta predilección a Durand medio en burlas, medio en veras, y Richet se consumía en taciturna tristeza. No trabajaba con el fiero ahínco de poco tiempo atrás y eso que había numerosos hermanos pequeños a quienes mantener con el trabajo del padre y del hijo; no así Durand, hijo único de un matrimonio acomodado, y casi tan mimado por su madre como un señorito.

En la calle ambos rivales pasaban ya uno cerca del otro sin dirigirse el saludo; y en sus hoscas miradas, en sus actitudes desde-

146

ñosas, en la sombría cólera que lanzaban en un destello los ojos del herrero, leían claramente los buenos vecinos un conflicto próximo.

Pero este prólogo de tragedia particular se olvidó pronto al estallar otra inmensa tragedia universal que a todos importaba. ¡La guerra! ¡Los alemanes han declarado la guerra! De todas partes de Francia, de las grandes capitales, de los pueblecillos recónditos, de las universidades, de los talleres, de las fábricas, de los campos, se llamaban a filas a los hijos de la augusta Madre amenazada. Nadie, así dejase familia, amor, fortuna, estudio, empresas, oponía una voz de rebeldía o de inútil protesta; todos daban su dramático adiós llenos de ánimo y de fe en el destino de la patria.

Los dos rivales fueron llamados también, destinados ambos a la misma compañía. Sus familias y gran parte del pueblo los fueron a despedir acompañándoles gran trecho, y entre los vecinos la hermosa arlesiana, tan fina que parecía una marquesita disfrazada. El pobre herrero, que esta vez llevaba la cara completamente lavada, vio al objeto de sus ansias quitarse una escarapela tricolor del pecho, entregarla a su rival, dejarse besar la mano por él… Estrechó a su hermano más pequeño entre los brazos y… no lloró; pero lloraba el chico y al besarlo, quedó en la limpia mejilla de Richet una huella de carbón.

Pero esta vez nadie pensó en reírse de él, ni siquiera Durand.

* * *

El primero en dirigir la palabra al otro, fue Durand, que por temperamento no podía estar callado.

—¡Menudo zafarrancho nos espera dentro de pocos días! Ahora estarán segando allá abajo ¿eh? Y digo yo: menos mal si volvemos a ver las eras, y el molino y los olivares... Tu padre sin ti habrá tenido que tomar otro mozo en la herrería ¿eh?

Richet contestó con un gruñido que podía pasar por una aquiescencia. Durand desde luego la tomó en ese sentido, porque siguió hablando, en coloreado provenzal, del pueblo, de sus familias, de los vecinos, de las cigarras, del buen vino, del *alioli*, de las huertas, de la iglesia, del baile en la plaza, de los baños en el río... Sus palabras, alegres y despreocupadas al principio, se volvían nostálgicas y enternecidas. Y al fin, calló, pensativo, viendo en la imaginación su feraz terruño y la silueta señoril de la arlesiana...

El herrero no decía nada; pero miraba con menos hostilidad a su compañero, admirando, casi a pesar suyo, su labia que nunca le había parecido interesante y sugestiva hasta aquel momento.

Al paso de los trenes que conducían a los batallones, la muchedumbre los aclamaba con magnífico entusiasmo, y los soldados, emocionados y contentos, empezaban a darse cuenta, solo entonces, de la grandeza de su misión... Y era bueno cambiar tantas impresiones –más en unos cuantos días que en los pasados veinte años– con la única persona conocida, en su habla natal.

Más tarde, ya en las largas marchas, le agradaba a Richet sentir el rítmico paso del molinero, al lado suyo y ver aquella graciosa fisonomía morena que le recordaba tantas cosas familiares, lejanas y queridas.

* * *

En la vida de las trincheras se olvidan muchas cosas del reciente pasado, se desprenden muchos menudos intereses agarrados al alma, se modifican mentalidad y sentimientos rápidamente.

No en vano se permanece horas y días y semanas, con los pies encharcados, sometido a la inmovilidad y al silencio en las tinieblas, teniendo en frente la muerte, que no se presenta franca, fulgurante y momentánea como en las guerras de otros tiempos, sino que acecha envuelta en aterrador misterio; no en vano sabe un hombre que está perdido por una voz, por una exclamación, por un movimiento a derecha o a izquierda, viendo caer y morir a los compañeros, sintiéndose borracho de sueño y preguntándose a veces si no sería lo mejor acabar de una vez, dormir bajo la nieve con ese sueño que ningún toque de clarín ni de tambor puede turbar...

La casa caliente y limpia, el amor envolvente de la familia, las calles soleadas y pacíficas, los campos de mieses, la iglesia, los senderos inolvidables, la silueta de la mujer amada con su cántaro sobre la cadera, la alegría de las fiestas rústicas..., todo eso está lejos como si hubieran transcurrido muchos años o como si el panorama natal y sus moradores estuviesen situados en otro planeta.

Los odios de ambos mozos... ¡cosa de risa! Su ilusión por la gentil arlesiana... pero ¿había arlesianas en el mundo? La realidad intensa, obsesionante, homicida, estaba allí, en las granadas que cruzaban silbando –trágicas aves– sobre sus cabezas eternamente amenazadas; en las órdenes de los superiores que hay que obedecer aunque el alma ya no pueda sostener el rendido cuerpo; en aquella gazapera oscura; en aquel frío doloroso, interminable, de los pies mojados, frío que se propaga a todo el cuerpo, invade la médula y llega hasta congelar el valor, que es una llama... Todos los amores eran ¡Francia! Todos los odios ¡Alemania! Todos los esfuerzos, todos los heroísmos, todas las alegrías, todas las esperanzas, aspiraban a este verbo ¡vencer! Todos los dolores, todas las miserias, se resumían en este pasivo ¡ser vencidos!

Abandonado el punto de batalla, la Cruz Roja recoge sus heridos; los muertos no urgen; ya no necesitan nada; más tarde, cuando se pueda, se les dará sepultura.

En el negro bosque de abetos, en mitad de la noche, sintiendo la proximidad del enemigo, en la precipitación de la piadosa tarea, algún herido exánime es confundido con un muerto, algún desgraciado se queja un poco más lejos, tendido al pie de un tronco enorme que lo oculta, sin que la ambulancia lo vea ni le oiga.

¡Desesperación del náufrago que agita en vano un harapo en el viento, y ve que el buque llamado, el buque salvador, se pierde entre las brumas como un fantasma! ¿Qué caso de desesperación humana no podrá ocurrir dentro de la guerra?

Allí estaba Durand, con ambas piernas heridas por un obús, exánime, sin socorro humano. Los soldados y la ambulancia se habían retirado; en el bosque solo quedaban cadáveres tendidos en trágicas posturas, inmensos árboles rumorosos, ráfagas glaciales que rozaban con sus alas invisibles las frentes lívidas…

De pronto, detrás de Durand, surgió una sombra, se agachó sobre el herido, puso una ruda mano sobre el lado del corazón, comprobó que aún latía, y levantando con vigorosos brazos al herido, el rival se cargó con el rival, sosteniendo lo mejor que pudo el difícil peso, y echó a andar al través del sombrío bosque, en dirección hacia donde habían ido los suyos, procurando no tropezar con los muertos.

* * *

¡Imagen lastimosa la de aquel mozo, meses antes tan ágil, tan sano, tan gallardo, y ahora casi inválido, sosteniéndose penosamente en sus muletas, enflaquecido, con el rostro iluminado por ese crepúsculo triste de las convalecencias incompletas!

La madre lloró lágrimas de sangre al abrazarlo. El otro había vuelto a las trincheras; pocas semanas después se restituía al hogar paterno, con un brazo roto y una herida en el pecho de difícil curación.

El molinero inválido con su familia quiso ir a esperarlo al pueblo próximo, que tenía estación. Con su verbosidad habitual que con la desgracia no había perdido nada de su colorido, hablaba a los suyos y a cuantos oírle querían de su compañero, de su esfuerzo sobrehumano por salvarle a él, que le había hecho burla tantas veces... A este recuerdo se enternecía y rezaba con todo su ardiente corazón porque Dios devolviese la salud al herrero.

Fue a esperarle en un carro, porque sus piernas no le consentían caminatas, y al verse ambos hombres se estrecharon en efusivo, en cordial abrazo, conteniendo las lágrimas que les nublaron el alma y los ojos.

Apartándole un instante de los suyos, Durand deslizó al oído de su antiguo rival:

—¿Y qué? ¿No me preguntas por la criada del médico, la arlesiana?

Richet se quedó mirando a su compañero como quien despierta de un largo sueño.

—¡Ah, sí! –exclamó con aire entontecido–. Sí, me acuerdo, ¿qué hay?

—Que se ha casado con el alcalde; su mujer se murió mientras estábamos los dos en la guerra y ahora, ya ves; cuando llegué

estaban recién casados. Los dos nos hemos quedado iguales ¿eh?
–terminó disparando una franca risa.

—Te aseguro –contestó el otro con absoluta sinceridad poniendo su única mano sobre el hombro del molinero– que no me importa.

—Ni a mí tampoco –afirmó este mirando sus muletas que aún no había podido abandonar.

Y dejando de hablar del antiguo amor desvanecido, ambos camaradas se pusieron a conversar apasionadamente sobre las peripecias de la guerra y las probabilidades del triunfo.

EL DIÁLOGO DE LOS SIGLOS

D E entre las brumas que envuelven y disfuman aquellos perfiles de los Siglos que Victor Hugo diseñó coronados de torres o de espigas, se destacan próximos, coloreados y personificados en dos muy concretas figuras, el Siglo XIX y el Siglo XX. El primero, ágil y nervioso, va vestido de mecánico y lleva la noble cabeza descubierta; su fisonomía es inteligente, animada y audaz. El segundo es un adolescente equipado como un guerrero actual, cubierto de resplandeciente casco.

Ambas augustas figuras conversan. Oíd lo que dicen:

SIGLO XIX.—Riquísima, esplendida herencia me legaron mis antepasados, y con ella, hijo de mi alma, no poco quehacer, ni flojos quebraderos de cabeza. Pero si gran herencia recibí, te la legué aumentada y depurada, despojada de muchos trastos viejos, de muchos inútiles escombros, limpia de mucha roña fuertemente adherida. Y veo con dolor que me he parecido a esos padres que trabajan y sudan y se afanan por dejar sano patrimonio a un hijo, que después, y aún calientes las cenizas paternas, lo disipa en pleitos y pendencias y mala vida.

Siglo XX.—Hay mucho que decir en eso. Roña queda aún bastante por limpiar y no es oro todo lo que reluce. Pendencias también tú has tenido y no pocas, especialmente en los comienzos de tu juventud, algo más turbulenta de lo que conviene a un moralista.

Siglo XIX.—¡Descúbrete ante el Siglo de las Luces! Mis guerras han obedecido a móviles más altos…

Siglo XX, interrumpiendo con sorna.—El derecho del más fuerte ha sido conocido, ¡qué digo!, familiar a todos los siglos. ¡Buena casta de pájaros están hechos todos! Ahí vemos, sin ir más lejos, ese pobre rincón llamado España, donde el eco de nuestra voz resuena tan débil, arder en guerras civiles, y hacia tu vejez, perder sus colonias en desigual pelea contra los Estados Unidos; a Francia perdiendo Alsacia y Lorena por la codicia germánica…

Siglo XIX.—¡Dios mío! ¿Qué es todo eso y cuantos desafueros pudieras echarme en cara, al lado de los que estás cometiendo tú, apenas llegado al mundo, como quien dice? Ciertamente, caí en no pocos errores; mi orientación no siempre fue acertada y segura y más de una vez tuve que desandar el camino; mis vacilaciones no dependieron de falta de voluntad, sino de exceso de reflexión; si hubiera sabido siempre lo que convenía hacer, no hubiese vacilado nunca en decidirme, aunque más de un filósofo moderno haya dicho lo contrario, achacándome no sé qué enfermedades de la voluntad. Y ¿acaso no tengo otros títulos de gloria? ¿No se me deben esos descubrimientos que cambian la faz del planeta y modifican el destino del hombre? ¿No he trabajado por su salud más que todos los siglos anteriores juntos, con mis conocimientos de las leyes biológicas? En lugar de meterme en empresas místicas y metafísicas, de las cuales no se sacaba nada en limpio, he explorado el cielo y la tierra; desde las observaciones astronómicas con Arago, hasta la modificación del planeta con Lesseps, nada ha perdonado mi activo afán de saber.

Se me acusa de escepticismo. ¡Escéptico yo, que he sentido la ardiente y firme creencia en el Progreso, del cual tú haces dudar, y, ¡horrenda blasfemia!, quizá llegas hasta negarlo!... Me llaman demoledor e irreverente, pero ¿qué siglo sintió más respeto que yo hacia los antiguos monumentos —que tú sin piedad has destruido—, quién los estudió y conservó mejor, como altares del arte, como símbolo de ideas venerables? ¿Qué tiempo de la Historia ha consagrado como el mío las mansiones donde nacieron y vivieron los hombres geniales, mansiones convertidas por los míos en santos lugares de peregrinación? Yo he levantado pedestales y coronado de laureles las verdaderas glorias pasadas, después de buscar y depurar la verdad cuanto pude, a fuerza de ciencia y paciencia; e hice caer los falsos ídolos con la piqueta de mi análisis implacable.

No, no han existido tiempos tan ávidos de la verdad como los míos; mi pasión, la han constituido la precisión, la exactitud, la claridad, la certidumbre; ¡nada de tinieblas, ni misterios, ni mentiras!

Mi voz, guardada por la ciencia en el fonógrafo, resonará al través de los siglos venideros y ante el senado futuro haré oír nombres gloriosos; pronunciaré ese nombre excelso cuyas sílabas resplandecerán ante las generaciones del porvenir: ¡Pasteur! Otros siglos tuvieron sus santos; yo he tenido la filantropía, que es la santidad; he tenido el amor a los niños, a los humildes, a los desheredados. ¿En qué otra época se conciben las novelas de Dickens? ¿En cuál otra pudo decir un poeta de sí mismo con justicia:

Mon âme aux mille voix, que le Dieu que j'adore
Mit au centre de tout comme un écho sonore?

Pero sobre todo, me enorgullezco de mi creación viviente, de lo que puedo llamar mi hijo: el obrero. Esta hermosa figura llena mis cien años con su grandeza, prolonga y perfecciona el génesis del planeta, cumple el precepto divino, posee, o debe poseer la inteligencia y la acción, la fuerza y el equilibrio. Rodin lo ha inmortalizado en bronces, los poetas modernos lo cantan en sus versos, los prosistas lo ensalzan en sus páginas. Es el guerrero de la Paz, el soldado del Trabajo...

¡Ah! yo he guerreado, ciertamente; mas ¿quién puso más alto el ideal de la Paz, el sueño de la Humanidad de mi tiempo? El poeta filósofo Guyau sollozaba llamando y esperando esa era. ¡Oh, cómo nos engañamos creyendo ni por un instante que tú realizarías esos sueños!

SIGLO XX.—Eres absurdo, ilógico. ¿Soñabas con que yo realizase tu ideal pacifista, y me armabas hasta los dientes? Celebras tus obreros y tus inventos, pero lanzabas al mar con Dupuy de Lôme tu primer acorazado y la aviación, al desplegar sus alas en el firmamento donde flotaban los fantasmas de tus sueños, proyectaba en la tierra sombras agoreras. Tus obreros trabajaban en las inmensas fábricas de Krupp y formaban ellos solos legión, poblaciones enteras; construían acorazados y submarinos; en los laboratorios, preparaban sustancias explosivas, productos mortíferos, armaban el cielo, el mar en la superficie y en el fondo, la tierra y las minas, para la guerra. ¿Qué podía hacer yo?

SIGLO XIX, un poco desconcertado, buscando evasivas.—Te repruebo, no el desquiciamiento de Europa, nuestro solar predilecto y sagrado, en el cual mis hermanos los siglos habían acumulado tantas maravillas; no la sangre vertida, no el dolor que hiere a la humanidad civilizada, sino tu falta de ideal.

SIGLO XX, con gallardo arranque.—Uno tengo: ¡el Heroísmo! Nunca se mostró más grandioso, más completo, más inesperado. No proclamaré, como tú, nombres aislados, porque los pueblos enteros son heroicos; ostentaré estos nombres refulgentes: ¡Bélgica, Francia, Serbia! Repetiré con esos los de otras naciones, ¡constelación de nombres que tantas veces fueron grandes en la Historia, pero que ahora se muestran más grandes todavía!

SIGLO XIX.—¡Siglo XX, bárbara es tu misión hasta la fecha! En mi tiempo hubo un año que los franceses llamaron el *Año Terrible*; me temo que las futuras gentes te llamen el *Siglo Terrible*.

SIGLO XX.—Ni el pasado ni el presente tienen derecho a juzgar lo futuro. Solo tengo quince años. Jueces actuales: quizá soy una promesa aunque os parezca una amenaza. ¡Esperad mi fin para juzgarme!

EN EL RETIRO

CERCA de Pervyse, en uno de esos rincones de Flandes, enaltecidos por la naturaleza con todas las hermosuras, y predestinados por la Historia a todos los horrores, se instalaba hace dos años, en una casa rústica, rodeada de gran trozo de terreno inculto, un extranjero, un español, acompañado de un criado y una criada que sumarían, entre los dos, un siglo.

La distinción del dueño –aunque la elegancia de indumentaria se veía harto descuidada–, la gentileza de su apostura, la melancólica serenidad de su expresión, semejante a la del cielo en otoño, la ocasión en que llegaba –una de las más glaciales mañanas de invierno, cuando los abetos estaban cubiertos de escarcha– excitaron la curiosidad de los pocos habitantes de por allí cerca.

Se preguntaron qué iría a hacer en aquel rincón solitario, un hombre joven, que parecía disfrutar de buena situación y que revelaba a primera vista su condición de intelectual.

Pronto quedó satisfecha esta curiosidad. Viéronle trabajar el terreno inculto con ayuda del criado, arrancar hierbas y plantas cizañosas, encauzar el agua, recibir por correo catálogos de horticultura y remesas de paquetitos de semillas, cuyas vacías envolturas de papel, decoradas con flores de brillantes matices, arrastró algunas veces el rudo viento de aquella comarca hasta el alcance de los observadores. Desencanto general, ¡era un jardinero!

Por sus maneras y su lenguaje, aunque gastaba pocas palabras, por la generosidad con que pagaba todo servicio, los proveedores lo juzgaban *un señor*; en todo caso era un señor que se había metido a jardinero. ¡Y con qué vehemente pasión! Durante el día trabajaba sin descanso, siempre ideando algo para no suspender las tareas de su bien preparado cultivo; y por la noche, quien hubiera entrado en su gabinete, hubiera podido contemplar, bajo el círculo de luz de su lámpara, aquella hermosa cabeza de treinta años, de nobles líneas, inclinada sobre algún libro de floricultura, o señalando con lápiz alguna indicación de uno de esos catálogos de jardinería, cuyas nomenclaturas son verdaderos poemas hasta para los profanos.

* * *

En aquel país están habituados al sabio cultivo que da temprana y bien nutrida floración; pero aún tuvieron motivo de maravillarse, al llegar la primavera, a la vista de aquel jardín casi improvisado y ya tan lozano y florido con mil preciosas variedades.

La nublada expresión de su dueño parecía aclararse, como cuando en el cielo la primera ráfaga primaveral descorre la inmensa veladura de las tinieblas y deja ver profundidades radiantes. Pero fuera de lo que observaban por sí mismos, los curiosos no pudieron saber nada del fino jardinero, nada concerniente a su pasado, ni por los criados a quienes procuraron sonsacar. La criada era española, como su amo, y apenas entendía el idioma del país; el criado era francés, pero muy hurón y reservado.

Si había misantropía en aquella soledad activa del señor, se advertían tan claramente en su rostro la bondad y la simpatía, la ausencia de bilioso despecho, una como sensibilidad contenida; ostentaba su frente tanta hidalguía y su sonrisa tanta dulzura, que su sola presencia inspiraba –sin conocer el drama íntimo que podía haberle inducido a tal destierro– no solo respeto, sino cierto indefinible sentimiento de compasión, como el que pudiera inspirar un gran árbol herido por el rayo, pero que continúa viviendo y prodigando generosa sombra con sus frondas robustas.

La baronesa que veraneaba en el único hotel lujoso de aquellos contornos, una divorciada ávida de nuevos amores más o menos ideales, a pesar del rápido oscurecer de su ocaso juvenil, se interesó por el español y pensó en relacionarse con él, para atraerle después hacia una dulce pendiente amorosa, cuando supo que el héroe de su imaginada novela, empezaba a vender sus flores y sus plantas.

—¡Es un vulgar comerciante! –pensó con el amargo despecho de todo aquel a quien hace trizas un sueño–. Habrá venido aquí a realizar negocios y eso es todo...

* * *

Eso no era *todo*, ni mucho menos; *eso* era el lado accidental y prosaico de la existencia de un hombre que no siendo rico, ha de buscar la manera de vivir y busca precisamente esa porque está de acuerdo con su carácter, con su ideal, con su drama. Y este carácter –hecho de independencia y de aristocracia, en el sentido de superioridades sobre el vulgo–, este ideal –libertad y belleza–, este *drama* –en parte sentimental y agudo, en parte social y crónico– era lo esencial de esta vida solitaria, activa y silenciosa, y no el tráfico de jardinería.

* * *

Era la segunda primavera que nuestro personaje pasaba en la rústica mansión, y cualquier pasajero, al echar una mirada superficial al través de la verja, hubiera creído ver un antiguo jardín; tan lozana y apretada vegetación lo formaba.

Sus opulentos arbustos, criados en un gran invernadero construido bajo la dirección del español, y ya fuera, esmaltados con profusión de flores; sus plantas exóticas y raras; las trepadoras que cubrían casi enteramente la fachada de la casa, corriéndose hasta un lado del oblicuo alero de pizarra, que formaba un ángulo agudo, y trepando por las labradas barandillas de madera de la terraza; las filas de plantas lanceoladas o zebradas, multicolores, perfectas, sin una hoja marchita, sin un borde comido, sin un tallo quebrado, sin una flor enferma, todo causaba la impresión del resultado de un trabajo largo, de años, de un lustro por lo menos; tanto habían podido la inteligencia, el estudio, los esfuerzos, la pasión, aquella nueva pasión con que el solitario quería hacer florecer la aridez de su vida.

La frente de este jardinero cenobita, bajo la leve tostadura del sol y del aire, tenía ese casto brillo del ideal satisfecho, sus ojos, límpidos, pero hundidos en misteriosa sombra –soberbios ojos donde se leía el pasado árabe de la raza–, despedían un destello de júbilo al contemplar la abundancia de variadísimas rosas, que se podían segar y cuyos haces formarían perfumada montaña.

* * *

¡Los prusianos llegan! A ese grito de aterrada angustia, los habitantes de Pervyse y de sus alrededores huyeron. Los criados advirtieron a su señor: este los miró como quien no comprende y al fin como quien despierta de un sueño. ¡Qué! ¿Los alemanes? Echó una mirada por la anchura polícroma de su jardín; allí estaban su riqueza, sus amores, su plan de vida, su olvido del pasado, toda la pálida felicidad de que su alma era capaz… ¡Él qué tenía que ver con la guerra! ¿Por qué se había de meter nadie con él ni hacerle daño? Él no pensaba en manera alguna abandonar su casa, ¿por qué?, ni él soñaba en atacar al enemigo ni el enemigo en atacarle a él; después de todo él era un ciudadano pacífico de un país no beligerante. ¡Que pasase la horda! Allá la responsabilidad de cada cual; ellos, los guerreros, a segar vidas humanas; él, jardinero, a entregarse a todos los desvelos por asegurar vida robusta a una flor, aunque fuese de un día. ¡Ah, sus espléndidas rosas de Francia!

Este nombre le enterneció un poco. ¡Rosas de Francia! Pero en seguida se rehízo. ¡A él qué después de todo! Era un extranjero, un desterrado voluntario, un hombre a quien la injusticia de otros hombres, la frivolidad de una mujer, habían infligido graves heridas del alma, y que no había pensado en vengarse jamás, no por falta de valor, sino por sobra de magnanimidad. ¡Qué se le daba a él de tirios ni de troyanos! Sus criados podían marcharse, si querían.

Los servidores, quizá contagiados de la confiada indiferencia de su señor decidieron permanecer a su lado.

*　*　*

Estaba terminando el postre en el modesto comedor, donde todos los muebles brillaban de encerados y frotados por la buena española, y en cuya mesa, cubierta de blanquísimo y terso mantel, un jarro de cristal ostentaba un desordenado haz de rosas, cuando un gran tumulto le obligó a ponerse de pie y acudir a la ventana que daba sobre el jardín; el corazón le dio un vuelco y sintió un escalofrío por la espina dorsal viendo un centenar de soldados que invadían su querido jardín tronchando arbustos y pisoteando flores.

Una oleada de furor, un valor temerario e insensato, como el del artista que ve quemar sus lienzos o destruir sus estatuas, más aun, como el de la madre que ve asesinar a sus hijos, le invadió tumultuosamente el cerebro.

Lívido, con el pecho agitado y las manos glaciales, fue a descolgar la escopeta que tenía siempre cargada en su habitación; acudió de nuevo a la ventana del comedor, con esa rapidez inverosímil, esa agilidad casi alada de los momentos críticos y supremos de la vida; algunos soldados vieron su actitud, pero antes de darles tiempo de atacar a su vez, la escopeta se disparó tan certeramente, que un oficial cayó, con los brazos abiertos, entre los floridos arbustos...

Se oyeron ásperas interjecciones, voces en alemán; se arremolinaron algunos en torno al muerto y otros apuntaron a la abierta ventana. Pero el agresor había desaparecido.

Los prusianos asaltaron la escalera –unos cuantos peldaños rematados en la pequeña terraza cuadrada, adornada de macetas floridas que rodaron hechas añicos–. Allí, terrible, erguido, con tonos verdosos invadiendo la lividez del descompuesto semblante, estaba el dueño, armado de su buena escopeta; detrás de él su criado, el francés, empuñaba un revolver y se empeñó una lucha inverosímil entre aquellos dos insensatos que osaban hacer frente a cien hombres, y el remolino de alemanes asaltantes. Uno de ellos hirió al español en la cabeza; el desgraciado vaciló un momento; otro le arrebató la escopeta de las manos y lo derribó en el suelo de un culatazo; entre tanto los demás se apoderaron del francés, herido en un brazo y en un hombro, con el bigote chamuscado, con el traje cubierto de sangre, con los ojos despidiendo lumbre; cuando lo cogieron se defendió a mordiscos, a puñadas, con la cabeza, con todo el cuerpo, como un energúmeno, dando gritos roncos e injurias que se ahogaban en su desgarrada garganta.

Otros soldados habían pegado fuego a la casa; un penacho de humo se levantaba ya en oscura y densa espiral sobre el tranquilo cielo de la tarde. Dos prusianos habían cogido y atado a la pobre criada que se había refugiado en la cocina, muerta de pavor, a invocar a la Virgen y a todos los santos, con el clásico fervor español en los duros trances. Cuando la acercaron a su infeliz compañero, hizo un esfuerzo desesperado por librar una mano de sus ligaduras para santiguarse; no consiguiéndolo, brotó de sus ojos un torrente de lágrimas que no podía enjugar; la encanecida melena se le destrenzaba en la espalda y sobre la ruda mano de sayón que la empujaba en un hombro. Entonces los dos servidores cambiaron una mirada que valía por una epopeya. En la del francés había indignación, patriotismo herido, desesperación de morirse así como fiera cogida en la trampa, y también la violenta ternura de un supremo adiós: en la de la española se leía sublime resignación, esperanza firmísima en el más allá, piedad hacia su compañero, perdón hacia los enemigos… Un oficial se acercó al dramático grupo y dio órdenes en su lengua. Los soldados adosaron sus víctimas a la tapia…

Un prusiano jovenzuelo, imberbe aún, de expresión soñadora y simpática, volvió la cara a otro lado para no presenciar el fusilamiento, y al oír los tiros, fue acometido de un violento temblor que no fue dueño de reprimir. Este jovencillo amaba la música, las flores, el recogimiento del estudio, los gratos afectos humanos; la guerra no había logrado convertirlo en bestia feroz y fue siempre un mal soldado, enemigo de cumplir tan sagrados deberes como los de fusilar a ciudadanos maniatados e incendiar viviendas y mieses.

Las tropas se alejaron momentos después, dejando aquel jardín, digno del idilio, destruido y pisoteado; junto a las tapias, los dos cuerpos de los servidores fusilados; la casa convertida en roja antorcha de la noche que llegaba con sus transparentes sombras estivales; el herido, devorado por el incendio en la terraza, y reducido en cenizas y un alma que con las invisibles alas desplegadas, huía horrorizada de un planeta donde en vano buscó un retiro contra la maldad humana y donde todavía el daño, la destrucción y la violencia, reclaman en sus altares, los laureles de la gloria.

POLOZOFF

Hablar al joven sabio Polozoff del alma y de la inmortalidad, de Dios, de la perfectibilidad humana, era atraerse la más desdeñosa sonrisa por tamaña estupidez. No hay cuidado de que perdiese el tiempo –un precioso tiempo que podía emplear en examinar las patas de los insectos– en refutar semejantes absurdos, ¡no!, él sabía que los errores no son sino debilidades cerebrales que no se deben combatir con razones ni argumentos, sino con fosfatos u otras sustancias positivas; sabía también que todos los estímulos humanos están encerrados en estos dos hemisferios de la vida: conservación y reproducción. Como las ideas del prójimo sobre Dios y el alma no le dañaban en ninguna de estas dos cosas –dado que ya no se quema a los herejes, procedimiento muy contrario a la conservación de los mismos– el joven Polozoff no se irritaba por las ya mencionadas debilidades cerebrales.

Como el materialismo y el amor no son incompatibles, Polozoff estaba enamorado de una condesa, una magnífica rubia de Varsovia, cuyos salones frecuentaba, sin que, a pesar de ser bastante buen mozo, y el marido ya cincuentón, hubiese llegado a obtener siquiera el asomo de una esperanza.

La condesa, mujer que reunía –extraño contraste en sociedad– una gran libertad de palabra a la más austera rigidez en la conducta, y a quien divertían las teorías de nuestro sabio, le preguntó en una ocasión:

—¿Pero usted cree verdaderamente en el amor, Polozoff?

—Sin duda –replicó este sujetando sus gafas de oro, cuyo equilibrio se había alterado con la vivacidad de su respuesta–. Primero, yo lo siento, luego existe; y segundo, sin el amor no se perpetuaría la especie.

—¡Oh, yo no me refiero a ese! No hablo del amor del caballo a la yegua... –en ese no creo yo precisamente– sino del amor humano, tal como lo cantan los poetas, desde el punto de vista sentimental.

—El sentimiento como accesorio, admito –explicó Polozoff–; como esencial, niego; lo esencial, condesa, todos sabemos que es otra cosa muy diferente, aunque nos la callemos, por dar a la conversación matices más delicados. El verdadero fin del amor es la reproducción y no puede ser otro.

—Entonces –arguyó la condesa con el desenfado que la distinguía– usted mi querido Polozoff, comete el error más lastimoso enamorándose de mí, porque el primer hijo que tuve nació muerto, asegurándome los médicos que ya no tendría ninguno más.

Y al ver al sabio ligeramente desconcertado se echó a reír, marcando hondos hoyuelos en la rosada tersura de las mejillas.

—Creo que basta esta confesión para desenamorarle... –añadió con malicia– de lo que yo me alegraría, para que me dejase usted en paz y para que seamos lo que podemos ser, dos buenos amigos.

Polozoff sintió un pinchazo en el corazón como siempre que la hermosa condesa se burlaba de él; su sensibilidad, tan defendida contra toda otra emoción como si estuviera recubierta con piel de hipopótamo, tenía ese lado indefenso y trémulo y allá iban a hundirse las flechas de las burlas. ¿Qué importaba después de todo el *porqué* o el *para qué* del amor, si él lo sentía, imperioso, tiránico, lleno de fugaces felicidades y de agudos sufrimientos? Lo cierto, lo terrible, es que ella no le quería y, en aquel instante, esa convicción le atravesaba un puñal en el pecho. Viéndole tan desgraciado, la señora prosiguió, sin dejar de sonreír y clavando en él sus bonitos ojos dorados:

—Me parece que va usted a tener que colocar este sentimiento fuera de esos dos hemisferios que según me explicaba usted una vez, contienen todos los estímulos de la vida...

—No, condesa –interrumpió Polozoff, bajando la voz, trémula de pasión– yo la quiero por mi conservación, porque si usted no me quiere me muero sin remedio... No, no puedo vivir así...

—Argumenta usted muy mal –dijo la dama fríamente, poniéndose de pie–, pregunto al sabio y me contesta como un cadete, como un poeta..., como cualquiera de esos desdichados que no juzgan el accesorio, sino como si les fuera en ello el alma y la vida. ¡Dante enamorado de Beatriz de otro modo que el caballo de la yegua! ¡Qué debilidad cerebral! ¿Verdad?

* * *

¡Pues bien, sí, una debilidad cerebral, ni más ni menos! Así reflexionó el positivista tratando de imponerse a sus sentimientos. Y luego prosiguió su interior monólogo de este modo:

—Cuando todos mis átomos se hayan renovado, su hermosa imagen, impresa en no sé qué recóndita célula, desaparecerá para siempre, y me veré libre de esta tortura; entre tanto, en vano la voluntad luchará contra esta especie de locura amorosa.

Pensando así, suspiró, calculando vagamente la duración de la renovación de los átomos de su organismo. Se propuso, como primer intento terapéutico de su mal, no volver a poner los pies en los salones de la condesa. No le faltaban ocupaciones ni asuntos en que distraerse. Por de pronto, ahí estaba la guerra universal, cuyo curso interesaba apasionadamente a todo ruso medianamente patriota. Es verdad que él como patriota, no lo era ni poco ni nada; le interesaban más los escarabajos que los hombres, y sin la excepción de la rubia condesa de Varsovia, hubiese considerado a la humanidad entera como un vasto hormiguero, cuyas costumbres fuesen mucho más complicadas y molestas de estudiar que las de las hormigas. Por eso cuando leía: *Victorias de los rusos, Avances de los alemanes, Evacuación de Lemberg por los nuestros*, decía, perfectamente impasible:

—Después de todo ¿qué más da? A la misma especie de bípedos pertenece un ruso que un alemán, y no tiene más valor una vida por que ha empezado a latir en esta región que porque haya empezado algunos cientos de kilómetros más allá; es estúpido disgustarse por tal cosa o entusiasmarse por tal otra.

—¿Y si le llamasen a usted al servicio? –le preguntó uno.

—El caso es diferente; desde el punto en que entre en juego mi conservación personal, mi interés tomará otras proporciones.

En secreto, pues no se atrevía a confesarlo por no atraerse censuras y odios y quizá algún peligro contra su preciosa conservación, deseaba el triunfo de los enemigos, de cuya *kultur* había sido siempre entusiasta partidario. Al fin y al cabo ¿qué era el amor patrio, qué el ansia de gloria, qué el heroísmo? Otras tantas formas de la debilidad cerebral.

* * *

Con semejantes teorías, no es extraño que no consiguiese desviar su pensamiento de los bonitos ojos dorados y de la escultural silueta de la condesa, para fijarlo en las bélicas peripecias, en los peligros patrios.

Pero sí era más extraño que los prodigios vistos en el microscopio, esas maravillas que tantas veces le habían transportado de admiración, lo dejasen entonces frío y aburrido. Hubiese querido examinar con la lente un rubio cabello de la condesa, como aquel sultán de las *Orientales* de Victor Hugo, que para volverse cristiano pedía a Juana la granadina su collar en vez de rosario. Como carecía de tan precioso elemento, su ciencia se enfriaba, lo mismo que el fervor del sultán sin el collar de Juana.

Al fin, contra su voluntad, volvió una noche al palacio de su desdeñosa adorada. La vista y el oído quedaban como siempre halagados en aquellos salones por el lujo deslumbrador –demasiado deslumbrador– y por la buena música; pero no se hablaba más que de guerra, de encuentros, de las victorias, de las derrotas, de anécdotas de heroísmo o de ferocidad, de barcos torpedeados, de luchas aéreas, de esperanzas para el invierno, de los aliados, de comentarios filosóficos, de impresiones personales, de entusiasmos, de indignaciones, de problemas financieros, de sueños pacifistas, del pueblo, de sus guías, del sentido histórico, del carácter de las razas, de intervenciones providenciales, de remotas y sorprendentes profecías, del destino de las naciones, del espíritu de Dios. Allí salía a relucir lo temporal y lo eterno, en contraste con las frívolas conversaciones de aquella misma sociedad algunos meses antes.

Polozoff oía y callaba, siempre con su sonrisa escéptica y su mirada fría al través de los lentes de oro. La condesa, al divisarlo, le había saludado con tono amistoso, pero enseguida dejó de hacerle caso como si lo hubiera olvidado. La verdad es que estaba muy excitada por el tema general de las conversaciones y con el pensamiento fijo en algo más importante para ella que la persona de Polozoff. Este la oyó decir en voz bastante alta:

—Sí, sí; en los salones se habla mucho, y acaso muy bien, de la guerra; pero no se hace nada. Y francamente, entre un gran retórico y un ignorante soldado, mi admiración es para este último. Algunas frases ingeniosas o sentimentales mientras se toma el *samovar...* ¡muy bonito! Entre tanto esos pobres hombres del pueblo, a quienes en realidad desprecian ustedes, dan su vida y a cada palabra que pronunciamos, caen seguramente muchos en estos momentos. ¡Lo más hermoso del mundo es el heroísmo y este no es flor de invernadero ni de salón!

Polozoff no tomó parte en el coro de respuestas. Contemplaba pensativo la hermosa cabeza rubia de la gentil aristócrata, erguida sobre una garganta de nieve, desnuda y sin joyas; contemplaba aquellos hombros sobre cuya piel satinada resbalaba suavemente la luz de los focos eléctricos; sus admirables manos a las que cada ademán daba nueva misteriosa belleza, en su lineamiento inesperado, en su mate blancura, en el pulimento de joya de las uñas perfectas, en la expresión casi tan varia y tan elocuente como la del rostro; si se ponía de pie, contemplaba esa línea que va de la nuca al talón, o de frente, su apostura donde había algo de la majestad de la estatuaria antigua y mucho de la gracia imprecisa de la elegante moderna. Permanecía pensativo y callado, sin sonreír ya, con aire entre nostálgico y tranquilo. Acaso decía adiós en su imaginación a su amado gabinete de estudio, a sus bien ordenados libros, a sus microscopios, a sus colecciones de insectos recogidos en gratas excursiones.

Esperó a que se despidieran casi todos y se acercó a la condesa, que en aquel momento estaba al lado de su marido.

—Condesa —dijo con voz cuya alteración trataba en vano de dominar— me despido no sé hasta cuando, porque mañana mismo pienso alistarme; decía usted muy bien: vale más el último soldado que el primer retórico...

La condesa tuvo un sobresalto:

—¡Pero Polozoff!... Me deja usted asombrada... ¡Qué callado se tenía usted su plan! En fin, buena suerte y que Dios lo proteja...

El efusivo y cálido apretón de manos, la mirada brillante de emoción de la hermosa patriota, encendieron tales resplandores de felicidad en el corazón del pobre adorador, que se consideró recompensado de antemano de todas las cosas trágicas que su decisión pudiera acarrearle.

* * *

En la aldea de Potoor Jitze, Polozoff se encontraba en uno de los más violentos ataques de las tropas austro-alemanas para apoderarse de este pueblo. Herido en el pecho y medio desmayado, una caritativa campesina, ayudada por su marido y su padre logró recogerlo y esconderlo en la bodega de su casa, donde ellos a su vez se resguardaron también, después de tomar sus precauciones para disimular en lo posible la entrada de su escondite.

Cuando Polozoff recobró enteramente el conocimiento, reconoció que su herida, aunque le hacía sufrir bastante, no era grave. Se oía el estruendo de la batalla sobre sus cabezas.

—Han incendiado la casa –dijo el campesino.

La mujer se puso a llorar en silencio.

—Los austriacos –explicó el hijo, un chico de unos catorce años– llegarán a Varsovia, si la suerte no cambia[1]; ocupan desde las orillas del Narew a Lublín.

Al oír el nombre de Varsovia, Polozoff sintió una sacudida. ¡Sí, el enemigo llegaría con facilidad si todos los combatientes permanecían como él escondidos como ratas! Se levantó súbitamente.

—Adiós, buenas gentes –dijo–. No debo estar más tiempo aquí; puedo y debo volver a las trincheras.

En vano los campesinos trataron de disuadirle; permaneciendo allí, salvaba por de pronto la piel y tiempo le quedaba de salir, cuando el enemigo, vencido o vencedor, retrocediese o prosiguiese su marcha. ¿Qué iba a hacer allá sin fusil ni ninguna otra clase de armas?

Polozoff se obstinó en salir de la madriguera y salió; sentía, sí, verse sin armas; y acaso aun sentía más haber perdido sus lentes en la pasada refriega.

* * *

1. Varsovia fue tomada por las tropas austro-alemanas el 5 de agosto de 1915.

Aquella tarde —el 22 de julio— el enemigo fue rechazado del pueblo de Potoor Jitze, después de haber conseguido casi totalmente apoderarse de él. Los rusos lograron hacer prisioneros a una gran parte de un batallón de cazadores austriacos con su comandante. Por parte de los rusos hubo no pocos muertos; entre ellos se contaba el sabio Polozoff, que pereció al querer apoderarse del fusil de un austriaco herido, contra media docena de soldados que lo defendían.

Así murió el escéptico positivista, pronunciando, al caer, un nombre adorado. Así murió por su patria y por su dama, como hubiera podido morir un romántico Ivanhoe...

DIÁLOGO INCONGRUENTE

PERSONAJES: IVANHOE, HAMLETO

IVANHOE.—Dadme mi casco cuyo penacho temblará de nuevo al viento marcial de la tierra; traedme mi armadura, mi fulgurante espada, mis espuelas, un corcel. Lady Rowena, adiós; adiós, dulce sombra de Rebeca; dejo el mundo de los fantasmas por acudir al mundo de los vivos, que hoy requiere mi presencia. Mas ¿qué elegante silueta se destaca de la oscuridad? ¿Qué sombra es lo bastante intrépida para seguirme a guerras capaces de poner pavor en el mismo corazón de Marte?

HAMLETO.—Soy aquel príncipe de Dinamarca que ya en vida terrena fue más bien un fantasma entre nieblas que un ser viviente, pues tal es el destino de los hombres en quienes predomina el sueño sobre la acción. Hamleto soy, Ivanhoe.

IVANHOE.—¿Príncipe de Dinamarca? Entonces –y perdona si soy indiscreto–, ¿en que puede interesarte esta tragedia, aunque sea la más grande que se ha representado en el vasto escenario histórico? Al fin tu patria…

HAMLETO.—¿Qué significa la palabra *patria* para nosotros los muertos? Nuestras cenizas aventadas en un soplo ¿qué patria tienen?

IVANHOE, vivamente.—Un inglés es siempre un inglés, aunque los siglos fosilicen sus huesos y los sepulten en la más tenebrosa de las tumbas: en el olvido. No; un caballero británico, y más si es caballero andante, como yo lo soy, no tiene derecho a descansar tendido sobre su lecho de mármol cuando la patria está en peligro. Por eso yo me lanzo de nuevo al combate. ¡Y por San Jorge, si no han de llevar los míos, con mi ayuda, la mejor parte!

HAMLETO, escéptico.—Un hombre más entre veinte millones de combatientes, aunque sea tan esforzado paladín como tú, importa poco. ¿Qué digo, un hombre? ¡Solo eres una sombra!

IVANHOE.—Entonces, ¿por qué acudes tú también al ruido de las armas?

HAMLETO.—Mis tendencias a la meditación, me han traído como por la mano a estas andanzas. Repose en paz mi noble espada; no pienso hacerla centellear, invocando el claro nombre de Ofelia en favor de nadie; aunque en mí estuviera decidir la victoria en uno y otro bando, no lo haría. ¿Para qué? El problema de la guerra –Germania o el Derecho– con sus millones de soldados y de familias de luto, con sus cientos de magníficas ciudades profanadas, con su conmoción universal, es un juego al lado de mi antiguo y eterno problema: *Ser o no ser*.

IVANHOE, asombrado.—¡Estupendo! Pero príncipe Halmeto, puesto que hablamos, existimos, y puesto que existimos, el problema se ha resuelto afirmativamente. Sobre que no sé por qué dudaste nunca, tú que conversabas con el alma de tu padre; podía haber dudado yo, que nunca vi sino las almas bien cubiertas de hueso y carne, como por ejemplo, Rebeca, la hermosa judía, y no dudé porque era y soy acérrimo cristiano; pero la duda en ti no tiene sentido común.

HAMLETO.—Mis pensamientos, rubio paladín, son águilas cuyo vuelo se remonta muy por encima de esa montañuela que llaman sentido común. Vivimos ahora tú y yo, es cierto, pero ¿viviremos siempre, eternamente? ¿O al cabo de unos cuanto siglos desapareceremos como una espiral de humo? Este sigue siendo el verdadero problema, la esfinge muda. ¿Qué les puede importar a los combatientes perder la vida si *no se pierde*? Y sí todo termina aquí, ¿qué más les da acabar ahora o dentro de unos breves años, en el lecho del dolor?

IVANHOE, exasperado.—Toda esa metafísica, pálido príncipe, sirve para hacer de un hombre un badana, de maldito el provecho. Los humanos tendrán siempre pasiones humanas, y más tarde no sabemos lo que será. Un inglés debe combatir por Inglaterra, sea o no sea inmortal el alma; la espada se ha forjado para la lucha, y un corazón entero para presentarse al hierro enemigo. Tus pensamientos serán águilas, como tú dices, pero si apocan el carácter y paralizan la acción, no los quiero.

HAMLETO, con algo de sorna.—No se combate por la religión ahora, ni por el honor de una hermosa doncella, ni por la libertad de ningún caballero cautivo, empresas todas dignas de tu arrojo; sino por cuestiones mercantiles, más propias de que se dilucidasen con la vara de medir que con mortíferas armas.

IVANHOE, gallardamente.—¿Piensas, ¡oh glacial razonador!, que hielas mi entusiasmo? No conozco de modo absoluto los motivos de estas horribles contiendas y bástame saber que mi patria necesita el esfuerzo de mi brazo; pero quiero suponer que dices verdad: ¿por ventura si yo viera en una encrucijada como despoja un bandido a un pasajero dejaría de salir a su defensa?

HAMLETO, irónico.—Pero sepamos quién es aquí el bandido...

IVANHOE, imponiéndole silencio con orgulloso ademán.—Basta. Para un inglés el bandido es siempre quien va contra el inglés. ¡Hermosa doncella dijiste! ¿Quiénes más hermosas doncellas que la Justicia y la Libertad? ¿Quién más cautivo caballero que el Derecho? ¿Qué más grandiosa religión que la del Ideal y la del Heroísmo? ¡Ah! ¿Por qué no tendría yo el permiso divino de aparecer a caballo, como San Jorge contra el Dragón, como Santiago, el patrón de España, en los campos de batalla, con la visera alzada, con la luz del prestigio iluminando mi frente, con la lanza o la espada hecha centella contra el enemigo? ¿Por qué no dispondrá cada pueblo ultrajado del poder de sus nobles antepasados? La falange de caballeros andantes arrollaría las diabólicas máquinas del contrario.

HAMLETO.—Si han de vencer, vencerán sin vosotros, caballeros de otros tiempos. En los actuales no se sabría qué hacer de vuestras pesadas armaduras, de vuestras cimeras que serían blanco de la metralla, de vuestras frases dedicadas a vuestras damas, de vuestra temeridad sin sentido. Vuestro tiempo pasó; no sois, no somos, diré mejor, más que sombras y al reino de las sombras debemos volvernos...

EL HOMBRE MÁS AFORTUNADO DEL MUNDO

S E llamaba León Rousset, tenía cuarenta y tres años, era tipógrafo muy hábil, ganaba buenos sueldos y vivía solo, en un
quinto piso de la calle de los Mártires, en París.

La portera le arreglaba la casa y le hacía el desayuno, y él comía
en un restorán próximo.

He dicho que vivía solo, pero esto no es completamente exacto,
puesto que tenía un perro, Malicieux, cuya intrincada genealogía
no podría esclarecer ni el propio Cuvier si para ello solo resucitase,
aunque su dueño aseguraba que pertenecía a la raza más inteligente
que existía; es verdad que no especificaba cual raza era esa, como si
de puro conocida no hiciese falta nombrarla.

Tenía además la compañía de sus pensamientos, por demás gratos y risueños; como que se juzgaba siempre, y lo decía a cuantos le
querían oír, *el hombre más afortunado del mundo*; y citaba muchos
casos y cosas de su vida en confirmación de lo dicho.

—En todo he tenido buena suerte –afirmaba–. A los veinticinco
años, agradarme una mujer, pretenderla, corresponderme y casar-
nos, todo fue uno.

—Entonces –argüía su interlocutor–, debió usted sentir mucha pena al enviudar, y esto fue ya una desgracia.

—No –contradecía Rousset–, porque, la verdad, empezaba a aburrirme de ella; era muy irracional; los cuatro años que estuvimos casados vivimos siempre en paz, pero si hubiera vivido veinte más no sé en lo que hubiéramos parado; no, no; bien está donde está y allá me espere muchos años.

Decía también:

—Cuando recibo una carta cuyo sobrescrito es de letra desconocida, cuando llaman en casa a hora inesperada, cuando en la portería me dicen: —Hay un recado para usted –siento súbita alegría porque siempre imagino que se trata de algo bueno.

Además de su perro Malicieux y de sus pensamientos, aún tenía otra dulcísima compañía. Pirrábase por las novelas de Eugenio Sue y de Dumas padre; había llegado a reunir, con libros de otros dioses menores del mismo género, una buena colección, y era su mayor gusto releerlos en sus ratos de ocio –que eran los menos del año– para enternecerse con las desdichas de Guillabaora o de Edmundo Dantés y entusiasmarse con las hazañas de Artagnan.

Sabía mucho dibujo; cocinaba admirablemente si se lo proponía; tenía una maña para todo –*adresse*, como dicen los franceses– que llegaba al prodigio y un gran sentido práctico, en cuyo sólido terreno habían caído y fructificado no se sabe cómo, algunos granos de romanticismo.

Era un tanto burlón, pero capaz de prestar un servicio desinteresado a cualquiera. Perecía por las excursiones campestres; tenía, como cualquier modistilla sentimental, el vago sueño de una casita en el campo, en los alrededores de París, pero eso no le impedía encontrarse muy feliz en plena ciudad.

Era –¿y cómo no?– anticlerical rabioso y socialista convencido. Creía a pies juntillas en el Progreso; no en vano había leído siete u ocho veces la *Historia de veinte Siglos* y su corazón había latido al unísono con el gran corazón de la Humanidad novelesca.

Pero era, ante todo y sobre todo, un hombre honrado, en la más amplia y hermosa acepción del calificativo, cualidad que trascendía al exterior en su fisonomía franca y expresiva, en su leal mirada, en el claro timbre de su voz, en su simpática risa, en su paso, en su modo de dar la mano, hasta en su vestir y en su calzar, modestos, pero siempre limpísimos y correctos.

—Tengo salud, buen humor, un oficio que me gusta y me da dinero –se decía en sus agradables soliloquios–. ¿Qué más puedo desear?

Hubiera podido desear, por ejemplo, no tener un cuñado borracho de oficio, con lo cual la mujer, para dar de comer a dos chicos de diez y doce años, le sacaba un riñón a su hermano. Mas aun él, con su buen sentido, hallaba medio de economizar de su sueldo, de pagarse alguna distracción inocente, y de convidar a un amigo.

* * *

Cuando se declaró la espantosa guerra, el universo moral de Rousset, basado sobre las columnas de Hércules de su optimismo, sufrió horrenda conmoción y en poco estuvo que no quedase títere con cabeza. Precisamente uno de los tópicos de nuestro hombre era este: —Las guerras tienden a desaparecer –expresado con tal absoluta convicción como si estuviese al cabo del proceso biológico de la humanidad.

Pero de igual manera que una ciudad derruida por un terremoto, es reedificada en mejores condiciones, así Rousset empezó a
construir rápidamente sobre sus ruinas, con materiales sacados de
no se sabe que sustancia cerebral.

Desde sus rabias, negruras y desalientos, pasó por un invisible
puente a la región luminosa del entusiasmo, de la fe en el destino de
la patria, del sentimiento bélico.

Una tarde entró como loco en la portería con un periódico en
la mano, gritando:

—*Madame* Picard... ¡En este periódico me llaman a la guerra!

* * *

Dos meses después –y con sentimiento suyo por no haber podido
ser antes– el alegre y activo parisiense, estaba en las trincheras, al
norte de Arras[1]; contagiando de su pasmoso buen humor a los compañeros y hasta a los jefes, y siempre, además de buen soldado, ser-
vicial, ingenioso, hábil, utilísimo, proteico, dispuesto a ser cocinero,
cirujano, héroe, lo que requiriesen las circunstancias del momento.

* * *

Tenía la manía de la correspondencia; a pesar de las innúmeras
dificultades con que tropezaba, escribía a su hermana, a sus sobrinos,
a sus amigos, a su barbero, a los porteros que cuidaban de Malicieux,

---

1. En las inmediaciones de Arras, en el noroeste de Francia, los ejércitos
alemanes y franceses se intercambiaron duros golpes durante la fase inicial de
la guerra.

a una vieja anciana que le asistió una vez en un catarro, al tabernero de la esquina. Les enviaba versos de su caletre, mal rimados, pero no faltos de invención y de chispa; y sus epístolas, escritas en letra grande y clara, desigual, muy tendida, eran pintorescas, narrativas, variadas y afectuosas. Había repetido ya en ellas no pocas veces:

«Soy el hombre de la suerte; no me ha tocado ni una bala; esos *sales boches* pierden el tiempo y la metralla conmigo».

Era muy feliz cuando recibía su correspondencia, generalmente más copiosa que la de los demás soldados, de lo cual él estaba muy ufano. Su portera le escribía que aunque cuidaba mucho a Malicieux, el excelente animal enflaquecía, sin duda por la tristeza de su ausencia.

Estas noticias enternecían al soldado, que contestaba:

«Refrótele mi carta por las narices; como es de la raza más inteligente conocida, olerá enseguida la procedencia de mi escrito y se le ensanchará un poco el corazón».

* * *

Transcurrieron cerca de dos meses sin que los corresponsales de París recibiesen noticias de Rousset. La hermana lloraba cada vez que pasaban las horas de correo, pensando que los alemanes habían hecho picadillo al pobre tipógrafo. Sin embargo, no había nada de esto.

Rousset yacía en el lecho de un hospital provisional, donde le habían amputado una pierna por encima de la rodilla.

Se encontraba tan débil y con la cabeza tan desvanecida a consecuencia de la pérdida de sangre, que no se sentía con fuerzas para escribir y una enfermera se le brindó como secretaria. Él aceptó muy agradecido y empezó a dictar así una carta para su hermana:

«Soy el hombre más afortunado del mundo. Acaban de cortarme una pierna y he quedado perfectamente de la operación; esta circunstancia me permitirá además abrazarte pronto y volver a mi trabajo, pues claro está que quedo inutilizado para regresar al frente. Estos malditos *boches* no se han salido con la suya de mandarme al otro barrio. Estoy contento, muy contento; en primer lugar podía haber perdido las dos piernas en vez de una; dar un remo por su patria es casi lo menos que puede hacer un hombre de buena voluntad; segundo, ese miembro no es indispensable en mi oficio; ¡figúrate si yo fuese cartero!; tercero, me encuentro divinamente, cuidado, atendido y mimado como en mi vida; no te escribo de mi mano por no marearme, pero pronto podré hacerlo; discúlpame con los amigos. Una marquesa nos paga a los heridos y enfermos una copa de Jerez o Madera todos los días ¡superior! ¡Qué envidia le dará a tu marido cuando lo sepa! Dime como siguen los chicos y si Malicieux continua enflaqueciendo; ahora estaremos iguales en punto a lucidos el amo y el perro, pero espero que con buen régimen y la alegría que nos dará vernos reunidos, sanos y salvos, nos repondremos al vuelo».

* * *

Si alguna vez veis en el taller, en el *cabaret*, o en una excursión bucólica, a un obrero con pata de palo, de cara inteligente y simpática, siempre risueña, acompañado de un perro de indefinible raza, a quien él dice mil cosas amistosas y patrióticas, salpicadas de alusiones injuriosas hacia el enemigo, no preguntéis su nombre: es el tipógrafo León Rousset, *el hombre más afortunado del mundo.*

UN CRISTIANO

S I en algún sitio, más que en cualquier otro, se han conducido
los alemanes como vándalos, con atávica ferocidad; si en algún
pueblo incendiaron, fusilaron, saquearon y destruyeron sin dejar
cosa sana; si la guerra ha mostrado alguna vez en su faz de bronce
el perfil de Némesis, fue, sin duda, en el apacible, rico y laborioso
pueblo de F..., situado en una vertiente *vosguiana* y embellecido
por todos los dones que la naturaleza acumuló en esa región tan característica de bosques de abetos, valles profundos y verdes, abrup-
tas pendientes y cascadas que desbordan sus nevadas espumas entre
peñascos aterciopelados de chapas musgosas.

Una antigua abadía, de romántico aspecto, construida en granito rojo de los Vosgos, abandonada por los monjes desde la revolución, da al panorama un tono monacal. El pueblo, casi con honores
de ciudad, por su extensión e importancia, se agrupaba alrededor
de la iglesia, cuya torre, alta y cuadrada, estaba rematada por una
caperuza de zinc; a alguna distancia, como apartados por cierto
desdén hacia el núcleo plebeyo, se veían algunos buenos hoteles

de veraneantes, de correcta y fría elegancia moderna, rodeados de parques y jardines.

La región es, además, muy rica en minerales y sus canteras de granito de variados matices, y sus pórfidos, son conocidos por los arquitectos franceses y extranjeros, especialmente por los alemanes.

Las mujeres son primorosas encajeras y bajo sus hábiles dedos surgían bordados, encajes y guipures, que se creerían fantásticas obras de los invisibles genios de la montaña.

Este era el nido encantador que devastó la guerra con implacable barbarie.

* * *

La casa de M. Brocard, incendiada por las tropas alemanas, representaba, con su pequeño jardín muy cuidado, su aspecto risueño y modesto, su traza entre rústica y burguesa, una de de las cosas más gratas y queridas de la existencia: un sueño realizado.

M. Brocard era médico en aquel pueblo hacía cerca de treinta años; su ideal personal –no tan ardiente como su ideal universal de hacer el bien– era el de ser propietario, pero su gran generosidad, unida a diversas desgracias de familia se lo habían impedido durante toda su juventud. Primero, se había sacrificado por costear la carrera a un hermano ingrato; después se casó y tuvo dos hijos, que ya criados, murieron, causando a la madre, de constitución delicada, tan incurable pesadumbre, que a su vez dejó con la vida el hogar a cuyo vacío no se había podido acostumbrar su corazón. El pobre médico se llevó consigo a su hermana, persona de extraordinaria semejanza con él en fisonomía, gustos e ideas.

Cuando el tiempo fue dulcificando la tristeza causada por estos infortunios, ambos hermanos dieron a sus vidas el estímulo de un ideal: tener casa propia. Ellos dos solos podían economizar sin dejar de vivir con holgura. Todos los días hablaban de su plan; todos los días se discutía y se acordaba el sitio, la orientación, los materiales, las dimensiones de la finca, los cálculos económicos, hasta cómo había de amueblarse la mansión soñada.

Tres años antes de la guerra, realizaron su ideal, no sin experimentar esa vaga inquietud de que habla Victor Hugo *qui fait que l'homme craint son désir accompli.*

Sí, tenían miedo, ¡se creían demasiado dichosos! Pero a lo bueno todo el mundo se acostumbra rápidamente. Bienestar, afecto, placidez, bondad, consideración del pueblo, excelente salud, todo lo reunían. Y luego, vino la guerra, y...

* * *

¿Quiénes quedaban en el pueblo en ruinas? Las gentes despavoridas y llorosas se refugiaban en ramadas y cobertizos, en casas medio derruidas, en los tronchados huertos; había no pocos enfermos y heridos y casi todos estaban hambrientos; su alcalde, que era el propio M. Brocard, tenía aún que compadecer, consolar, curar y socorrer a los demás. Felizmente, era pleno verano, y la estación derramaba con amplio amor, sol, aire tibio, frutos y sombras sobre los desvalidos.

M. Brocard, auxiliado por su hermana, curaba de atroces quemaduras a un mozuelo como de quince años, en el rincón de un huerto, al pie de un manzano, bajo el cual habían extendido un colchón y almohadas a modo de cama provisional. Rodeaba al chico un grupo numeroso, los padres, amigos, vecinos, curiosos; se oía hablar de la guerra, se enumeraban las desventuras individuales, se maldecía y execraba al enemigo, cuando se acercó un hombre corriendo.

—M. Brocard, su criado viene —dijo uno de los presentes.

—¿Qué hay, muchacho? —preguntó el médico terminando en aquel momento de sujetar los vendajes al mozuelo.

—Hay... que... que...

Llegaba tan jadeante y sofocado de la carrera, que casi no podía hablar.

—¡Dios mío! Di... ¿alguna nueva desgracia? —preguntó Mlle. Brocard, que ya no veía más que infortunios y catástrofes por todas partes.

—No, *mademoiselle* —contestó el criado—. No es eso. Venía a advertir al señor que en la abadía se ha quedado abandonado, escondido u olvidado, no sabemos, un soldado alemán herido. Y el pueblo quiere lincharlo, rematarlo...

Se produjo gran conmoción y rebullicio en el grupo de oyentes.

—¡Ah, bandido! —exclamó el padre del mozuelo, un hombre de ruda fisonomía, alzando los puños cerrados—. ¡Él las pagará por todos! Vamos, vamos enseguida.

El médico paseó su serena y hermosa mirada sobre aquellos excitados.

—Vamos, sí —asintió—, que vengan conmigo los que me quieran ayudar a evitar un crimen. ¿Llegaremos a tiempo? —añadió dirigiéndose a su criado con cierta inquietud.

—¿A tiempo de qué? —preguntó impetuosamente el padre del chico.

—De salvar a ese herido —contestó con firmeza M. Brocard.

Se elevaron murmullos de protesta y descontento. Pero el alcalde no quiso perder el tiempo en discusiones, y echó a andar camino de la abadía, seguido del criado, de su hermana y de la mayoría de los que rodeaban al enfermo, y conforme iban andando, interrogaba al criado.

—Para llegar a tiempo —explicaba este— menester será que andemos ligeros; la noticia ha corrido por todo el pueblo y todos estaban en lo mismo, sí señor, hasta las mujeres querrían acabar con él. Pero si vamos por el atajo, llegaremos antes que nadie a la abadía, me parece a mí.

—¡Dios de mi corazón! —exclamó Mlle. Brocard, consternada—. ¡Líbranos de la guerra que convierte en fieras a los hombres!

—Algunos —prosiguió el criado— decían: avisemos al señor alcalde, pero los más no querían por miedo a que se opusiese a…

—¡Claro que me opongo! —interrumpió su amo—. ¿He de consentir que el pueblo se deshonre con un crimen? No, si Dios quiere, mientras yo tenga un átomo de autoridad.

* * *

Llegaron a la abadía segundos antes, casi al mismo tiempo de la horda enfurecida, que acudía sedienta de venganza.

Los hermanos Brocard apresuraron el paso y entraron los primeros; detrás sus acompañantes y enseguida, tumultuosamente, la horda, compuesta de más de setenta personas de diversas edades, fachas y clases, pero todos animados por iguales sentimientos de odio y ferocidad.

Al entrar en la nave principal, alumbrada por los últimos resplandores del ocaso estival, que entraban por las rotas ojivas, festoneadas de trepadora yedra, la muchedumbre quedó desencantada.

¡No había nadie! Unos invadieron los claustros, otros buscaron los escondrijos y los ángulos sombríos. M. Brocard, con segura intuición salió a una especie de patio, entre cuyas anchas losas crecían las hierbas y en cuyo centro había un pozo de brocal despedazado, invadido por parásita vegetación. Caído al pie, sin conocimiento, yacía el herido, un jovencillo exangüe, con los ojos cerrados, el uniforme gris manchado de sangre y barro, inerme ante sus enemigos, que ya lo habían descubierto, siguiendo a M. Brocard.

—¡Santo Dios! –exclamó su hermana, cruzando las manos–. ¡Y este desdichado tendrá a su madre que a estas fechas estará rezando por él!

—*Mademoiselle* –dijo un hombre ceñudo destacándose del grupo–. Los alemanes fusilaron a un hijo mío hace tres días; también tenía madre, pero estos canallas no miraron nada.

Estas palabras pronunciadas con tono de feroz amargura, hallaron ecos de aprobación en todo el auditorio.

—*Monsieur* Brocard –continuó el hombre– este enemigo nos pertenece.

—No, hijos míos –replicó el alcalde con firmísimo acento–, no os pertenece. Por de pronto, me pertenece a mí que lo entregaré como prisionero de guerra a las autoridades militares. ¿Qué queréis hacer, ciento contra uno? ¿Seríais capaces de tan cobarde asesinato? No, no es posible, o no tenéis corazones franceses. Execráis al enemigo por su villana conducta con vosotros, ¿en qué valdríais más que él si hicierais lo mismo? Por de pronto, yo considero a este hombre indefenso como una víctima, y como tal, me pongo de su lado; el que quiera herirle que se acerque y me hiera antes a mí; sois libres; tampoco yo llevo armas.

Y con actitud llena de resolución y de nobleza se irguió junto al herido, el cual quedó resguardado entre el brocal del pozo y el baluarte viviente del cuerpo de su defensor.

Hubo unos momentos de vacilación, de estupor y de exclamaciones contrarias.

—¡Usted lo defiende! —pronunció con aire amenazador el que había hablado antes.

—¡Yo lo defiendo! —contestó con hermosa seguridad el médico—. Y si alguien me juzga mal patriota —añadió poniendo la bienhechora mano sobre el pecho— que me lo diga en voz alta.

Todos callaron, unos sombríos, con las cabezas bajas, otros convencidos, contemplando la valiente figura del doctor con admiración y simpatía.

—¡Ea! —exclamó una mujer a la cual había salvado un hijo M. Brocard, cuando la epidemia—. Dejemos al *boche* en manos del doctor; después de todo es el alcalde y allá responsabilidades; él sabe lo que se debe hacer mejor que nosotros.

Estas palabras fueron definitivas; el buen sentido, ya que no en todos el sentido moral, aceptó la fuerza de la razón; y unos tras otros fueron dejando la abadía donde al fin se quedaron solos ambos hermanos con el criado.

Deliberaron si convendría transportar al herido, pero ¿adónde? Hacía tres noches que los antes felices propietarios dormían en el huerto, en un ángulo donde habían agrupado algunos muebles y enseres que habían podido salvar. Sin embargo, se decidieron a llevar consigo al herido.

* * *

Los cuidados que el buen doctor le prodigó fueron tan solícitos como los que hubiera podido dedicar a sus propios hijos; con cristiana paciencia ayudábale su hermana en la piadosa tarea. Cuando el joven recobró el conocimiento, M. Brocard, que sabía el alemán, aunque no con perfección, le dirigió palabras tranquilizadoras en su idioma, sin obtener respuesta.

—Está muy débil –dijo a su hermana– y bastante grave. En estas malas circunstancias –añadió echando una mirada a los escombros de su casa, de la cual solo un pedazo de fachada permanecía en pie– desconfío de poder salvarle.

Cocinar bien sin cocina es difícil; pero las aptitudes de *ménagère* de Mlle. Brocard vencieron las dificultades; se esmeró en hacer un caldo suculento para su protegido, que empeoraba de hora en hora.

Toda la noche, relevándose, le velaron los dos hermanos. Ya entrada la mañana, antes de que lo previese el médico, el pobre soldado expiró.

Pocos días antes había caído el enterrador bajo la metralla enemiga y M. Brocard comprendió que le sería difícil encontrarle un sustituto de buena voluntad. Tomó un partido heroico; llamó a su criado y cargando el cadáver en una camilla, lo condujeron entre los dos fuera del pueblo en ruinas, bosque adentro, procurando rehuir el encuentro con los curiosos.

Allí, mientras el criado cavaba una profunda fosa, el médico trazaba con dos gruesas ramas una cruz rústica, que colocaron después sobre la anónima sepultura. Realizaron estos trabajos casi en silencio, el criado atento a la actividad material, el amo sumergido en un mar de melancolía, sintiendo que sus pensamientos, como raudas aves, se remontaban por encima de su propia desgracia, de los casos concretos, por encima de la misma patria...

Mientras el criado descansaba, sentado sobre un tronco derri-
bado, dejando errar la mirada indiferente al través de la vasta columnata de árboles, el señor dobló la rodilla ante la cruz, inclinó la
frente descubierta... ¿Rezaba? ¡Quién sabe!

—Vamos –dijo a su criado, levantándose–; ya hemos cumplido
con nuestro deber.

El mozo alzó los hombros y obedeció sin contestar palabra.

* * *

Al entrar en el pueblo, no pudieron esquivar el encuentro con
un grupo de ocho o diez personas.

Uno se adelantó hacia M. Brocard.

—¿Qué? –interrogó casi groseramente–. ¿Se cura el *boche*? ¿Cuándo lo entrega usted a las autoridades militares?

El médico hizo un ademán lleno de paz, y contestó:

—Ya está ante la mayor Autoridad. Ya le ha entregado su destino al Tribunal que nunca se equivoca... –y añadió con serena
entonación, previendo algunas frases injuriosas del grupo hacia el
vencido–. Hijos, respetad a los muertos...

EL MAYOR SACRIFICIO

D E cuántos sueños, de cuántos anhelos, de cuántas ilusiones, de cuánta emoción, y también de cuántos desalientos, de cuántas impaciencias y cuánto dolor íntimo, está agitada el alma de un verdadero artista! Se parece a esos altos árboles, de frondas ligeras y delicadas, nacidos en las riberas, cuyo fino follaje se estremece y vibra al más leve soplo del viento, y cuya silueta se refleja temblorosa en la corriente, como la imagen moral del artista en su obra.

Acaso no exista sensibilidad más vibrante, espíritu sacudido por más varios anhelos, que la del compositor Jules Derhaeren, francés de origen belga, un pálido y algo desvencijado rubio, con la sedosa melena echada hacia atrás, la tersa frente juvenil reflejando sueños tumultuosos, la ropa raída, el aire indolente y la mirada –de un límpido y maravilloso azul de aguamarina– siempre distraída e ingenua.

Así vagaba, en sus comienzos artísticos, por las calles de París y por las alturas de precios más ínfimos de los teatros, trabajando penosamente en su buhardilla, en las peores condiciones, no cenando el día que desayunaba y careciendo de camisa cuando no le faltaba americana.

No le vivían ya sus padres, ni tenía más familia que dos hermanos casados y establecidos, uno en Bruselas, y otro en una provincia francesa, los cuales le abominaban y no querían ningún trato con él, por su *mala cabeza*, puesto que si le sobraban aptitudes para el arte, le faltaban para agenciarse el *conquibus*[1]. Cuando el joven se marchó a París, con equipaje donde las ilusiones estaban en mucho mayor número que las prendas de vestir, dejó de saber de sus hermanos completamente.

Más adelante, Derhaeren empezó a ser conocido por su talento musical, y su situación varió un poco, pero solo un poco. Si ya no carecía de pan ni de camisa, ni esgrimía el sable, seguía viviendo en la misma casa, si se podía dar el nombre de casa a semejante tugurio, hasta cuya empinadísima ventana ascendía, como de un abismo, la orquesta más abominable de ruidos callejeros que haya podido herir el tímpano de un compositor, ansioso de rumores de frondas, cantos de aves, risas de fuentes, y otras gollerías bucólicas e idílicas.

Con su impresionabilidad un tanto femenina de artista, aquellas infinitas molestias materiales llegaban a producirle tal exasperación nerviosa, que más de una vez derramó lágrimas de desesperación en la fría y desnuda soledad de su buhardilla.

* * *

Y de pronto, cuando más desalentado estaba, ya en el dramático lindar de los treinta años, la fortuna, bajo sus más sugestivos nombres, se colaba de rondón por su puerta, por aquella puerta donde tantas veces habían llamado con fiero puño los acreedores.

---

1. Dinero, fortuna.

Los nombres de esos mensajeros de la diosa se llamaban Amor, Dinero, Gloria; llegaban cogidos de la mano, como fieles compañeros, y mostraban al artista el Arco de Triunfo de la Felicidad, de inmensas y luminosas perspectivas. ¡Un paso más y ya estaría al otro lado del Arco!

* * *

¿Cómo había podido suceder aquello? Una joven cantante de ópera, prendada del artista, comprendió todo el valor de su arte, se constituyó en su decidida protectora, le alcanzó uno de los primeros puestos en la orquesta, puso en boga su música, llena de originalidad, frescura y sentimiento, y por último le dijo:

—¿Por qué no compones una ópera? Te sobran inspiración y ciencia para ello.

Derhaeren experimentó un deslumbramiento, como si viera entreabrirse ante sus ojos mortales los abismos de claridad del Paraíso. ¡Una ópera! ¡Cuántos años hacía que tenía una empezada, sin dar cuenta a nadie, y abandonada entre el fárrago de sus no acabados trabajos musicales, de puro desaliento y falta de fe, no en sí mismo, sino en su estrella!

Suplicó a la cantante que fuese aquella misma tarde a su casa para oír el primer acto, único terminado, de su ópera *El Rey Sol.*

* * *

Ambos artistas conversaban con vivísima animación en el gabinete de trabajo del músico, un encantador aposento, bastante capaz, decorado de seda verde, con ligeros muebles modernos tapizados del mismo color y cuyo conjunto ofrecía una elegancia de suaves tonalidades, confortable, íntima, discreta. Sobre el fondo reseda se destacaban un modélico paisaje de Français, de las riberas del Sena y dos de Pointelin, un ocaso y una alborada –dos maravillas de luz–. Había también algunos cuadros de Fantin-Latour y de Besnard, de colorido deslumbrador. Un magnífico piano, siempre abierto, ocupaba el puesto de honor, en ángulo; y por encima del busto en mármol de Beethoven, extendía sus verdes abanicos una robusta Lentia. En una pequeña mesa de caoba, cuadrilonga, colocada frente a un diván cubierto de polícromo y flexible tejido oriental, se veían un servicio de café y una pila de cigarros, brebaje y combustibles de que hacía uso y abuso nuestro artista. Detrás de la amplia ventana de grandes cristales biselados, se perfilaba el verde follaje de una acacia florida en blancos y crespos racimos. Bajo la ventana, en una mesita larga y estrecha adosada a la pared como una prolongación del alféizar, yacían la última novela comprada por Derhaeren, y algunos periódicos aún con las fajas intactas.

En este grato rincón, que el artista había embellecido con preferencia al resto de la casa, cuando le permitía su situación, se pasaba las horas muertas, ya en soñadora indolencia, como un poeta musulmán, mirando la espiral gris azul de su cigarro, medio tendido en el diván o contemplando las ligeras frondas de la acacia, como si su móvil lineamiento le sugiriese nuevas armonías; ya en medio de febril actividad, trabajando en el pentagrama y en el piano, sorbiendo tazas de café para aumentar la lucidez de su cerebro.

Aquella tarde, ante el sincero entusiasmo de su amiga, Dehaeren había vivido las horas más espléndidas de su existencia. Él era también el autor de su libreto y se revelaba tan buen poeta como compositor.

De pronto la cantante interrumpió la audición con unos de esos ¡*ah*!... que llegan desde las profundidades más misteriosas de nuestro ser, como alados mensajeros de cosas súbitamente recordadas. Al mismo tiempo puso una cara tan mustia, que el impresionable artista se sintió sobrecogido y nublada su áurea confianza.

—¿Qué sucede? –interrogó clavando sus clarísimos ojos azules en el mohíno semblante de su amiga.

—Sucede –respondió esta– que... ¡Pero qué cabeza la mía! Si debí advertírtelo anoche, cuando me dijiste el título de la ópera... Figúrate; con tantas facilidades para la representación y sin embargo... Si te digo que cuando dan en torcerse las cosas...

—¡Pero Dios mío! ¿Qué es ello? –interrumpió Derhaeren cada vez más inquieto.

—Hay... ¿pero cómo no te has enterado tú mismo? ¿No lees los periódicos?

—No... Estos días no... –dijo el compositor echando a los periódicos doblados una mirada casi asustada, como si viera en ellos siniestros personajes, mudos hasta entonces.

—Vamos, no te asustes demasiado –aconsejó la cantante procurando sonreír–, después de todo ya veremos lo que se hace. Aubray... ya conoces a Aubray...

Derhaeren hizo un gesto afirmativo y ademán de que continuase, mientras su imaginación evocaba a este nombre el rostro moreno, apasionado y sensual del compositor en boga, residente en Italia.

—Aubray –prosiguió la amiga– está terminando una ópera de la cual ya se ha empezado a ocupar la prensa; esta ópera se titula *Luis*

XIV. Dicen que la van a estrenar en Italia; yo no me ocupé apenas de la noticia porque ya sabes la antipatía que le tengo a ese fantasmón, pero ahora me ha venido a la memoria.

Viéndole tan pálido, tan desgraciado y tan abatido ante esta noticia, ella procuró consolarle.

—¡Bah! ¡Quién sabe aún si la tal ópera será un *fiasco*! No me parece Aubray de talla para componer óperas...

—¡Y yo te aseguro que tendrá éxito! –contradijo impetuosamente Derhaeren–. Es el músico de moda, es el mimado de la suerte... ¡oh, yo no le envidio sus triunfos! Lo terrible es esta maldita coincidencia... Seguramente cuando yo empecé a escribir mi libreto, a él ni si quiera le había pasado por la cabeza semejante asunto... Un rey español decía: *El tiempo y yo contra otros dos*; pero a mí me sucede al revés; el tiempo y el prójimo contra mí... Ayer me vi la primera cana... Ya está mi obra por el suelo. ¿Por qué no leería esa noticia antes de iluminarme de ese modo? Me hubiera hecho mucho daño –¡sí, mucho daño!– pero no tanto.

Y el pobre compositor se cubría la frente con las manos y hundía sus dedos en la sedosa melena, con ademán de la más completa desesperación.

La cantante le miraba desconsolada, no sabiendo qué discurrir para calmarle.

—¡Ah, una idea! –exclamó poniendo una cara radiante.

—¡Una idea! –repitió él con un tenue rayo de esperanza en las azules pupilas.

—Esta. Tú tienes ya terminado un acto y parte del segundo. ¿Por qué no te apresuras –ya comprendo que habrás de trabajar de un modo bárbaro– y te adelantas con tu *Rey Sol*?

Derhaeren acogió la idea con un entusiasmo delirante.

—¡Ah, tú eres mi salvación! ¿Cómo no se me había ocurrido? Sí, ahora mismo...

—No; ahora mismo que nos sirvan de cenar –interrumpió ella graciosamente– porque me estoy muriendo de hambre.

* * *

En aquellos días el músico adelgazó de tanto trabajar; de puro excitado, ni comía ni dormía; sosteníale el café en lo físico, en lo intelectual la inspiración, en lo moral la esperanza. Una franja oscura orlaba sus azules ojos donde brillaba una llama febril de genio, de ardiente voluntad, de áureos sueños.

¡Entonces sí que leía la prensa, todas las mañanas, por si traslucía algo del curso de la obra de su adversario!

—Las demás noticias no me importan –decía a su amiga, a quien veía poco, por dedicar todo su tiempo al trabajo.

Alguna hubo, sin embargo, que le importó más que el trabajo de Aubray, más que su propia obra, más que todas sus concentradas preocupaciones personales, más que su misma vida, más que nada en el mundo. Las nuevas de la guerra, la profanación de Bélgica, los ejércitos desencadenados, el horror inesperado de los primeros días, aquellos sensacionales epígrafes de la prensa, lo despertaron del mundo de sus sueños con brutal martillazo, y casi le costó esfuerzos reconocer su *yo* en la agria y discordante realidad. Lentas y ardientes lágrimas caían sobre el periódico portador de las catástrofes de la patria; ¿quién que tuviera corazón en el pecho podía ver con áridos ojos el avance de los invasores?

—Iré a la guerra –se dijo Dehaeren, levantando la frente, ya un poco más sereno.

* * *

Arrancarse de aquellos blancos brazos que se ceñían a su cuello con apasionada ternura, mientras una fresca boca le suplicaba al oído: —No te irás, no, porque yo no quiero... –era difícil. Pero arrancarse del corazón sus impacientes ambiciones cuando estaban a punto de florecer, rechazar el vino espumoso de la gloria, cuando se lo aproximaban en áurea copa a los sedientos labios, ceder el puesto al afortunado Aubray, era más de lo que se puede exigir del humano esfuerzo. ¡Se requería no solo el arrojo de un héroe, sino la abnegación de un santo!

Derhaeren fue ambas cosas; fue, antes que artista –lo más vigoroso de su personalidad– antes que ambicioso, antes que enamorado, antes que nada, patriota.

—Yo volveré –dijo al despedirse de la cantante, que se deshacía en lágrimas–; me da el corazón que volveré –repetía, procurando, en vano, tranquilizarla.

Y dejó el amor por la guerra, y sus divinas armonías por el ruido de la metralla, y el grato refugio de su trabajo y de sus sueños, por las penalidades de la trinchera.

* * *

Hasta aquí, su presentimiento se ha realizado con toda fortuna; solo ha recibido un rasguño en un hombro, y otra vez un balazo en una pierna, que no ha interesado los huesos y cuya herida se ha cicatrizado rápidamente. Se conduce tan bien que ha sido ascendido a sargento y en el batallón le llaman: *le vaillant musicien, le brave blond.*

Aubray ha estrenado su ópera en Italia con mediano éxito, pero Derhaeren, sereno, valiente, rehace su libreto y su trabajo musical en el descanso de las trincheras... ¿Obtendrá algún día el éxito que ansían el artista y el patriota? Dios lo sabe.

DIÁLOGO IRRACIONAL

PERSONAJES: UN ELEFANTE, UN CABALLO
LA ESCENA EN CEYLÁN

CABALLO.—Bien hallado seas en esta paz de paraíso, en la cual no me vería yo ahora si nuestro noble señor, el *rajah*, no hubiera sido tan gravemente herido. Los veterinarios de los hombres, quiero decir, los médicos, lo han enviado a esta su soberbia posesión para reponerse. Yo no conocía esto, pero si todo el mundo está aquí tan gordo y tan calmoso como tú, no debe de ser mal país.

ELEFANTE.—Nada hay bueno ni malo en absoluto; a mí me va bien aquí, luego para mí es bueno.

CABALLO.—Porque no tienes nervios; yo no puedo con esta calma chicha. A mí me gusta la vida de campaña. ¡Qué cosa puede haber más hermosa que sentirse espoleado y volar contra el enemigo, con las crines al viento, contra algún pesado caballo teutón, mientras el amo te comunica su ardor guerrero con un grito salvaje! Yo debí haber nacido caballo de cosaco; siempre galopando y siempre guerreando. ¡Pensar que del arrojo o de la ligereza de uno puede depender la vida de un príncipe! Estoy por decir que, después del hombre, el caballo es el principal elemento de guerra. Nuestra inteligencia, nuestra fidelidad, nuestro fácil enardecimiento nos hacen indispensables.

ELEFANTE.—No te fíes. Hoy el principal elemento es el acero, no el ímpetu de un ser viviente. La artillería vale más que la caballería. Mira como nos han eliminado a nosotros, los Brahmanes de la naturaleza. Tenemos más inteligencia, más fuerza, más valor, mejores armas que vosotros; sin embargo, hace muchos siglos que fuimos expulsados de la guerra; de la guerra entre humanos, se entiende; aún nos llevan los príncipes a las cacerías de los tigres; mis antepasados combatieron en el ejército; dos de ellos pasaron los Alpes con las legiones de Aníbal. ¡Aquello debió ser grandiosamente hermoso! Nos adornaban para el combate como para las fiestas más suntuosas; llevábamos aros de oro en los colmillos y hasta perlas y piedras preciosas, como los brazos desnudos de las mujeres; soportábamos la carga de un castillo, desde donde los guerreros lanzaban aladas flechas; la obra que ellos comenzaban la terminábamos nosotros, rematando bajo nuestras pesadas patas y con las trompas a los heridos y a los caídos. Necesario era entonces, no solo el valor de los hombres, sino el concurso de la inteligencia y de la voluntad de los animales.

CABALLO, resistiéndose a tan triste convencimiento.—¿Hoy no?

ELEFANTE, con gravedad melancólica.—Hoy no, hermano Caballo. Se os conserva aún; se dice que se amaestran perros de campaña; pero créeme, eso es ya la última colaboración de la fauna en los campos bélicos. El hombre se apoya actualmente en la fuerza mecánica y la mecánica es ya más que él, lo anula, lo arrolla, lo hace su esclavo. ¿Qué son tu ligereza y tu resistencia comparadas con las de la locomotora y el automóvil? Las mismas águilas, aves de Júpiter, ven con amedrentados ojos la competencia de las máquinas voladoras.

CABALLO, con rabia reconcentrada.—¡Bicicleta, automóvil, aeroplano! Sois mis vengadores; vosotros corréis más que yo, pero quizá estrelláis al hombre en igual caso en que yo lo salvaba.

ELEFANTE.—Después de todo ¿por qué sentir el más mínimo despecho? Los mismos hombres dicen que la guerra es mejor vista desde fuera. Ellos, al menos, pueden lograr por ese medio, honores, dinero, gloria. ¡Pero nosotros! ¿Nos dan más pienso en la guerra que en la paz? Si te estropean una pata de un balazo, tu mismo amo te remata, porque no quieren animales inválidos. ¡Claro! La caridad, ya muy deficiente entre ellos, entre los humanos, no se va a extender hasta nosotros; es como si un perro creyese que va a poder vivir bien mantenido con un amo hambriento. Y luego te mueres: ¿piensas que te van a inmortalizar en mármoles y en bronces?

CABALLO, vanidosamente.—Eso sí, Elefante. Yo he visto, no una sino muchas estatuas ecuestres, de reyes, de príncipes y de grandes capitanes, en las cuales nosotros estamos representados tan a lo vivo, que si no fuese por la inmovilidad, creyeras que nuestras imágenes respiraban y que iban a relinchar, o a salir trotando por esas calles.

ELEFANTE, moviendo la enorme cabeza con aire de compasión.— ¡Pobrecillo! ¡Y crees de buena fe en esas honras póstumas para la raza hípica! Los hombres representan sus figuras a caballo, pero no a un caballo determinado; ahí vosotros sois sino airoso pedestal donde el hombre adquiere realce y gallardía. Mira las inscripciones bajo los laureles de bronce: verás los nombres de esos capitanes y grandes señores que dices, pero nunca los de sus cabalgaduras, aunque hayan perecido por su gloria. Morir por ellos, es, por lo tanto, sacrificarse a feroces egoísmos. Así, ¡fuera cuidados! Allá ellos con sus máquinas infernales, que han eliminado de la guerra la antigua nobleza. En otro tiempo el hombre hacía entrar a sus dioses en este heroico juego; sus idealismos, hechos formas de luz, combatían a su lado; nos tenían a nosotros que representábamos el mundo material y tenían a sus dioses, que representaban el mundo ideal; la selva y el Olimpo, Júpiter y Pan les prestaban sus rayos y sus canciones. Más adelante, los mismos santos dejaban la Gloria para intervenir en las contiendas humanas. Te citaré el ejemplo del patrón de España, Santiago, que apareció en una batalla arremetiendo contra la morisma, y por más señas, iba jinete en un corcel blanquísimo, de crines desmelenadas, tan fantástico a mi parecer, como su dueño. Pero hoy los combatientes pueden sintetizarse en dos grupos en ninguno de los cuales ni la angélica ni la fauna pintan nada, o casi nada. Unos son los que provocan y acometen, sin más razones ideales ni morales que la codicia de ensanchar su territorio e imponer sus productos, aunque por disimular, sacan a relucir la palabra *cultura*; y no confían en más dioses que en sus morteros de 42, sus gases asfixiantes, y sus firmes propósitos de exterminio a todo lo que se resista a sus piadosos deseos. Y otro grupo —esparcido, naturalmente en millares de pueblos y constituido por millones— que defiende su independencia y sus derechos y que tampoco se confía más que en el valor de sus armas, porque en el siglo XX los dioses se quedan en el Olimpo, los santos en su Corte celestial, las bestias nos estamos en las selvas y al pobre hombre civilizado no hay ya mano de luz, ala celeste, colmillo ni garra que le auxilie; no tiene más que su corazón, ¡nunca lo necesitó tan intrépido!

CABALLO, olvidándose un poco de sí mismo y dejándose llevar del interés filosófico de la plática.—¿Luego el hombre ya no cree en nada?

ELEFANTE.—Si no creyera no lucharía; sin fe no es posible vencer. Precisamente el hombre, es más fuerte que en ningún otro siglo, porque hoy, más que en ningún otro siglo, cree.

CABALLO.—¿En qué?

ELEFANTE.—En sí mismo.

LA PESADA CRUZ

E RA prodigiosamente estúpido.
—La cabeza más dura de Auvernia –aseguraba su abuela; y los vecinos reconocían la justicia de esta afirmación.

La pobre mujer tenía a su cargo al chico desde que se quedó sin padres, a la edad de tres años.

—¡Señor! –exclamaba, a veces, desesperada ante las necedades, incongruencias, sandeces y brutalidades del rapaz–. ¿Por qué se llevaría Dios a sus padres? ¡No puedo con esta cruz tan pesada!

Si mandaba al chico por agua, rompía el cántaro; si por vino, se lo bebía sin perdonar gota; si lo dejaba al cuidado de la lumbre mientras iba ella, prendía fuego a la casa. Si le permitía jugar fuera, aporreaba a los otros chicos, corría con un palo tras las gallinas, o bien ahogaba algún cerdito en el río. Si lo enviaba a la escuela, rompía los cristales de las ventanas a pedrada limpia. Si lo encerraba en casa, como esta era tan vieja e inconsistente, amenazaba con derruirla a puntapiés y puñadas, y no quedaba otro recurso que devolver la libertad al irreductible prisionero.

Sin embargo, si algún sentimiento humano alboreaba en aquel alma de cántaro, era el del afecto a su abuela, a despecho de sus castigos y acritudes. En una ocasión un chico le dijo que su abuela parecía una bruja, y el nieto sin contestar palabra, se quitó con extraña ligereza un zueco todo enlodado, y dio con él tan fiero golpe en la cara al insultador que le rompió las narices y dos dientes. Otra vez, andando por el campo la anciana y el muchacho, les acometió una vaca furiosa y el chico se plantó delante de la mujer, en gallarda actitud defensora, y a pedradas, hizo huir al cornúpeta, sin que por fin, les causase ningún daño.

Cuando la abuela pretendió ponerle a oficio, el carpintero, el herrero, el molinero, el guarnicionero, se le echaron a reír en su cara. ¡Admitir a semejante bárbaro! Aunque no hubiera otro aprendiz de quien echar mano en todo el pueblo. Entonces la mujer lo puso a pastor de vacas, oficio este que requiere poco entendimiento, pero aún este poco le faltó, y por descuido dejó patiquebrar una ternera en un barranco; para indemnizar al amo del desastre, la abuela se vio obligada a empeñar un campo donde sembraban patatas.

A todo esto tragaba con tan estupenda voracidad que con lo que él necesitaba para quedar satisfecho, se hubiera mantenido una familia no muy corta; rompía ropa y calzado por catorce, y llevaba unos medros como si lo regasen; crecía recio y bien plantado, como un joven roble, como si todo lo que le faltaba de vigor intelectual lo echase en vigor físico; y era además muy guapo, aunque inexpresivo, con limpia tez de un rosa tostado, negros ojos de soberbio fulgor y dientes de marfil, fuertes y perfectos, verdadera dentadura de carnívoro adolescente.

La abuela, siempre renegando, se arruinaba por atender a sus feroces necesidades, por no llevarlo descalzo en invierno, por pagar sus desavíos. Ya no les quedaba más que la casuca y un cacho de terreno, que a trancos y a barrancos, iba cultivando el mozo no sin cometer mil gatuperios.

La mujer decía a las demás comadres:

—Si Dios no lo remedia, acabaremos por pedir limosna. Ya mi única esperanza es que caiga soldado. ¡Qué cruz, Dios mío, qué cruz!

No por ir derechos a la ruina completa dejaba el estúpido nieto de estar más alegre que unas Pascuas, con la impetuosa alegría del animal joven en libertad.

Por fin el deseo de la pobre vieja, se vio realizado; el nieto fue al servicio militar y ella se quedó tan contenta en su activa soledad de campesina arreglada y económica, de escasas necesidades. Sentábase a coser en el dintel, por las tardes, en la grata y chismorrera compañía de alguna vecina de su edad; y las horas se deslizaban en paz, sin la perpetua inquietud de poco tiempo antes.

* * *

A decir verdad, algo echaba de menos la ruda compañía del mozo, vacío que ella explicaba con la fórmula corriente de: –Parece que estoy sorda– pero, después de todo, le iba mucho mejor con su ausencia, de la cual habían transcurrido unos tres meses, cuando ocurrió el hecho más insólito, más inesperado, que podía imaginarse. ¡El nieto le escribió una carta de su propio caletre! Cierto que entre el saludo, los recuerdos y la despedida, no contenía en junto dos ideas, pero al cabo era una carta, se acordaba de la pobre vieja, de los vecinos, del pueblo, del burro –su antiguo compañero–. La abuela se hizo leer la carta cinco o seis veces; y después la guardó entre las piadosas páginas de un libro de misa que había pertenecido a su hija, la madre de aquel pedazo de bruto.

A este hecho siguió otro mucho más estupendo y sensacional. ¡El soldado volvió a escribir, pero esta vez de su puño y letra, según él orgullosamente declaraba! Es verdad que las letras eran al principio de la carta, gordas como lentejas y al final poco mayores que avellanas; que juntaba las palabras unas con otras y en cambio las dividía por la mitad sin venir a qué y hasta plantaba en dicha mitad una mayúscula descomunal y deforme; es verdad que empleaba una ortografía tan fantástica y personal que cada frase debía ser objeto, por parte del lector, de profundas meditaciones para penetrar su sentido, el cual acababa de perderse bajo el tenebroso misterio de un borrón formidable; es verdad que el sobre se lo había escrito un compañero caritativo, temiendo que no existiese en toda Francia un empleado bastante hábil para descifrar una dirección puesta de aquella mano; pero en fin, escribía él y esto era ya bastante prodigio…

La abuela lloró de alegría oyéndola, y hasta en su fuero interno achacó a ignorancia de los lectores la obscuridad impenetrable en que quedaron envueltas para siempre algunas palabras.

* * *

Cuando llegaron a sus oídos las primeras noticias de la guerra su rudo cerebro de campesina, que con la edad se iba fosilizando aún más, no comprendió una palabra; después, al comprender su malicia rústica, no creyó nada. ¡Aquello no era posible! Lo decían por burlarse de ella… Necesitó ver llorar a la mujer del carpintero, cuyo hijo, soldado de la quinta de su nieto, estaba ya en el frente.

Solo entonces vio con fulminante claridad, aunque no en toda su extensión, la realidad aterradora de los hechos y su primer pensamiento voló hacia su nieto.

—Y… ¿se lo llevarán? –preguntó sintiendo temblar su viejo corazón, que tantos años hacía no aceleraba su ritmo cansado.

El carpintero se echó a reír:

—No, no se lo llevarán; se lo han llevado ya, con toda seguridad.

La pobre vieja extendió sus trémulas manos, rugosas y oscuras; como las palabras se le ahogaban en la garganta, quiso formular algo con los ademanes; pero tampoco lo consiguió, y al fin las lágrimas, expresivo lenguaje del dolor, corrieron en abundante raudal por sus marchitas mejillas.

—¡Ah, y usted, menos mal! –dijo la carpintera con cierto encono–. ¿No decía usted que el chico era su cruz? Pero yo… ¡el mozo más listo y más guapo de todo el pueblo!

—Lo de guapo… lo de guapo… –empezó a protestar la abuela; pero el hipo no la dejó continuar, y se fue a llorar a su mísera casa, profundamente atribulada de la noticia y despechadísima además de que la carpintera menospreciase de aquel modo a su nieto.

* * *

El cual estaba, en efecto, en las trincheras, sin darse bien cuenta de lo que sucedía, limitándose a obedecer, y sintiendo, a veces, un fuerte deseo de hacer todo lo contrario; no tenía miedo, pero casi siempre se mostraba taciturno y malhumorado; su indómita naturaleza de animal libre no se avenía con la disciplina, y si no le imponía el enemigo, sus jefes sí, como poseedores de un poder oscuro y formidable.

Una vez, viendo que los demás soldados escribían, se acordó de su abuela y quiso escribirle también; alguien le proporcionó papel, una pluma estilográfica. El mozo examinó con cierta desconfianza aquel objeto nuevo para él; se hizo explicar su uso seis o siete veces; se quitó el *kepis* y se rascó la cabeza; por último probó a escribir... ¡se le había olvidado! Los caracteres gráficos danzaban en confuso tropel en su caletre; veía sus formas, pero no acertaba con su significado, como cuando uno recuerda una cara y no sabe de quién es; veía la *te* con su palo, la *i* con su punto, la *ele* con su lazada, pero no sabía si eran la *hache* o la *jota*, o qué demonios de letras. Se puso furioso; le pareció que todo aquello era una jugarreta de la pluma estilográfica con su cochino coágulo de tinta en las narices. Hasta se le había olvidado la guerra −tan absorto estaba en su desgracia intelectual− cuando una lluvia de metralla que deshacía la trinchera se lo recordó sin ningún miramiento.

* * *

Quien lo leyó primero, no dando crédito a sus ojos, fue el maestro, en *Le Matin*. ¿Cómo? Aquel héroe tan ensalzado, digno de la epopeya homérica ¿podía ser aquel grandísimo bruto? Y después de todo, la acometividad, el valor impulsivo, la fuerza física, ¿no constituían positivamente aquella primitiva y vigorosa naturaleza?

Ansioso de comunicar sus impresiones, el maestro bajó con el periódico en la mano, a casa de su amigo el guarnicionero, donde siempre había gente. La nueva produjo gran sensación. Para mayor felicidad, el héroe había salido ileso, despúes de salvar la vida a unos cuantos con su ciego arrojo, despúes de rescatar a una porción de recientes prisioneros de mano de los enemigos estupefactos.

El maestro y sus oyentes decidieron ir todos a llevar la fausta, la espléndida noticia a la abuela.

Hallaron a esta en la cocina, mondando patatas, con la cabeza baja, y tan absorta en sus tristes pensamientos que ni se dio cuenta de que abrían la puerta.

Cuando le leyeron el caso, abrió tamaña boca, y se quedó largo rato con los ojos fijos y espantados, sin acabar de comprender; despúes le acometió convulsivo llanto; al cabo pudo preguntar:

—Pero… eso… ¿lo dice el papel, ponen el nombre de mi muchacho en esas letras?

—Sí, buena mujer –explicó el maestro–; hoy toda Francia ha leído ese nombre y miles de personas habrán dicho ¡vaya un mozo!

De repente la abuela se puso de pie y hubo una reacción extraña en su expresión y en sus ademanes.

—¡Si lo sabía yo, hace tiempo –empezó a decir muy deprisa, en actitud acusadora– que valía más que todos vosotros! Si es lo más listo… ¡Pero qué había de aprender el hijo de mi alma si no os daba la gana de enseñarle ningún oficio! Tú, carpintero ¿naciste enseñado? ¡Pobrecillo mío! ¡Dios lo bendiga! Si su madre levantara cabeza… Y todos con que si era tonto, con que si era bruto… Otro más noble no hay en el pueblo. Si no es por él un día me hubiera acornado una vaca brava… Usted, señor maestro, tampoco se tomó nunca interés por él; siempre tuvo este resquemor y ahora es ocasión de desembucharlo, sí señor. ¡Que no podría aprender a escribir! Pues bien ha aprendido en el servicio y mejor que más de cuatro…

Ahora que veis su nombre en los papeles, querríais todos declarar que sois del mismo pueblo y os gusta ver que nombren vuestra tierra por él, solo por él, porque de este rincón nadie sabía hasta ahora ni en París, ni en el mundo, y entonces, cuando lo teníais entre vosotros, todo era despreciarle...

* * *

Al regreso del mozo, en *congé* de cuatro días fueron a recibirle los del pueblo, con el alcalde a la cabeza –que llevaba a su diestra a la abuela– y música, para festejar dignamente la llegada del héroe.

El cual llegó casi desconocido, flaco, muy negro, con más viveza de expresión en el antes candoroso rostro, más desenvuelto de maneras, menos animal, en una palabra.

Estrechó a su abuela en los brazos, casi levantándola en vilo, y de tan emocionados los dos, ni podían hablar, algo cohibidos además por el numeroso y solemne acompañamiento.

Era una mañana magnífica de primavera; el cielo estaba azul y los campos verdes; sonaban las notas alegres de la música regional, las notas familiares de las fiestas; se divisaba ya no lejano el pueblo y sobre los tejados, entre los árboles vestidos de ligero follaje, ascendían los hilos de humo de los queridos hogares... ¡Oh, cuan grata, cuan plena palpitaba la vida entonces!

Todos rodeaban al mozo, todos querían oírle, todos lo invitaban a comer, todos lo abrazaban y lo admiraban, todos advertían un cambio favorable en su ruda naturaleza.

Pero él no se preocupaba más que de atender a su abuela, a quien encontraba más vieja, más pequeñita, más inclinada. Su mirada dulce y enérgica, iba de la anciana a la pobre casita donde se había criado.

Y cuando se despidió para volver a las trincheras, dijo con todo el corazón, mirándola amorosamente: —¡Ahora sí que trabajaré de firme y tan bien como cualquiera! Porque lo que hace un hombre, digo yo, lo puede hacer otro y debo ganar mi cruz, la cruz de guerra… para que la lleve usted, abuela, y no se acuerde ya más de la otra… de la pesada.

UN CASO EXTRAÑO

D E que la telepatía, la visión a distancia, los sueños proféticos o retrospectivos pertenecen a la realidad, he adquirido el convencimiento a mi propia costa. Sin sacar consecuencias trascendentales de ello, ni querer edificar todo un sistema religioso o metafísico sobre sus cimientos, contaré un caso verdaderamente curioso, que el lector podrá juzgar como guste.

Debo empezar por hacer la confesión honrada de que, aun cuando durante la guerra he cumplido mi deber militar, no soy ni seré nunca buen soldado. Mi temperamento, en extremo nervioso e impresionable, mi carácter sentimental, mis convicciones filosóficas que siempre me inclinaron al pacifismo, me hacen completamente refractario a toda idea de violencia y de acometividad.

Sin embargo, en esta guerra que ha invadido el vasto escenario del mundo con la más espantosa tragedia que han presenciado los siglos, parecíame que combatía, no solo por la patria, sino por los fueros de la justicia y de la libertad, hermosas palabras que encontraron siempre eco en mi corazón, más humano que patriota.

Recuerdo mi permanencia en las trincheras como una pesadilla, que aún, a ratos, me obsesiona y entristece; el lector me perdonará por lo tanto que pase por alto el relato de aquel género de vida, mis impresiones, que rayaron en hiperestesia, y todo el cortejo de sensaciones y recuerdos, exceptuando el asunto principal de mi narración.

Fue en los Vosgos, en una de esas batallas –poco frecuentes en esta guerra de trincheras– donde combatimos con el enemigo cuerpo a cuerpo. Después de un día terrible, en que yo no sabía si ganábamos o perdíamos, si hería o si me herían, si estaba cumpliendo un deber o si faltaba a todos ellos, convirtiéndome en bestia feroz, si luchaba aún en este mundo o ya en el mismo infierno, llegó una noche más trágica todavía, iluminada por siniestra luz, y donde se aumentó la especie de delirio que se había apoderado de mí.

Ante una claridad roja de incendio, recuerdo haber visto inclinarse hacia mí un soldado alemán, joven, de buen rostro, con la bayoneta calada. Recuerdo haberle atravesado el pecho con la mía y después sentí un violento golpe en la cabeza, un desvanecimiento; extendí en la caída los brazos, que tropezaron con el cuerpo tibio del adversario… y nada ya.

Al volver en mi acuerdo, estaba en una iglesia transformada en hospital, donde en colchones, mantas y lechos de paja, extendidos en hilera, yacíamos algunas docenas de víctimas del error universal de la guerra. Frente a mí, en la capilla mayor, un Cristo de tamaño natural extendía los brazos, vagamente, en la sombra de la primera hora nocturna; y con su cabeza inclinada, cuya faz no podía yo apreciar bien, pero sí la actitud de dolorosa resignación, parecía envolvernos en una mirada sublime y pensar:

—¡Todavía! ¡Después de veinte siglos!

Yo le contesté mentalmente —Jesús mío, no te enfades, porque yo no tengo la culpa; no soy el autor de la guerra sangrienta ni he tocado pito en esto del conflicto europeo.

Sentía un dolor agudísimo en la cabeza y me palpé la frente; la tenía vendada y ya un paño se me escurría por encima de un ojo, molestándome bastante.

Mi compañero de la derecha, medio enterrado en un montón de amarilla paja, con un capote doblado por almohada, me llamó por mi nombre:

—¡Eh, Duchesnel, parece que aún se vive!

Estaba tan aturdido que al principio no conocí a quien me hablaba y más que la oscuridad iba en aumento, pero de pronto, su voz despertó un eco en mi memoria y exclamé con verdadera alegría:

—¿Eres tú, Camusot? ¡Qué casualidad, compañeros en la ambulancia como lo éramos en el combate! ¿Estás herido? ¿Qué te sucede?

—Poca cosa –me contestó con su despreocupación habitual–, un balazo en un hombro, otro en una rodilla, no sé si un bayonetazo en la tripa… No pienses que lo sé muy bien.

—Lo mismo me pasa a mí –expliqué a mi vez–. Acababa de atravesar a uno con la bayoneta cuando sentí un golpe… Creí que se hundía el cielo y hasta ahora no me he dado cuenta de nada.

—Entonces estoy mejor informado que tú de ti mismo, porque presencié tu desgracia, sin poderla remediar, Dios es testigo –dijo sacando una mano de la paja y extendiéndola hacia el sombrío crucifijo–. ¿Pero te has quedado tuerto? –añadió mirándome con mucha atención.

—No –respondí procurando levantar sobre la ceja la apretada venda–. Tuerto no; pero dime, tú que lo presenciaste ¿me han perforado los sesos o qué me sucede?

—Nada más que un culatazo aplicado con todas sus fuerzas por una especie de prusiano gigante sobre tu *kepis* al propio tiempo que tumbabas al otro *boche*; yo quise ir en tu socorro, pero harto hice con defenderme de los que me acometían ¡un zafarrancho de todos los demonios! No me quiero acordar porque se me ponen los pelos de punta. Los de la Cruz Roja no se daban reposo...

—¿Y maté al alemán? ¿Sabes si se quedó bien muerto? –pregunté mirando hacia el Cristo cada vez más disfumado en la oscuridad y sintiendo golpearme el corazón a la idea de una respuesta afirmativa.

Mi compañero se echó a reír.

—No tengas pena. Bien muerto está.

Parecióme que la cabeza del Crucificado se inclinaba aún más tétricamente, abrumada por inmensa melancolía.

—Mira tú –prosiguió Camusot con naturalidad, procurando arroparse en la paja–. Ahora recuerdo este detalle. Uno de los camilleros quiso vendarte la cabeza que te manaba sangre a cegar; sacó su pañuelo y no alcanzaba; miró en tus bolsillos y no llevabas; entonces registró en los del *boche* que tú atravesaste, le sacó el pañuelo y dijo: A este ya no ha de hacerle más falta; pronto dará con sus narices en la sepultura...

Y se echó a reír, como si el caso le pareciese muy chistoso. Yo sentía frío en los huesos.

En aquel momento se acercó el médico que me mandó propinar un calmante y nos recomendó que no hablásemos mucho. Agradecí la orden porque el relato de Camusot me había empeorado, por lo menos moralmente.

Me volví del otro lado y a pesar de mis lúgubres pensamientos, no tardé en quedar profundamente dormido, gracias al calmante.

Entonces tuve un sueño extraño.

* * *

Me vi siguiendo un caminito que subía en zigzag una pendiente; en un nevado panorama, sin saber yo mismo que oscuro designio me empujaba a seguir este itinerario. Muy pronto me encontré frente a una fábrica de aserrar maderas, cerca de la cual había, bien apilados, recios troncos que mostraban aún, bajo los bloques de nieve, la oscura y rugosa corteza; seguí andando y me vi en las calles de un pueblo alsaciano, con sus aleros en ángulo enteramente blancos, sobre los cuales sobresalían nevados abetos; en los pequeños cristales de las ventanas, espejeaba esa luz que ilumina los sueños, que no indica una hora determinada, porque no es la de nuestro sistema solar, o es, si acaso, un reflejo de él, retenido en nuestro cerebro como en oscura gruta y utilizado en estos casos, como guardada y misteriosa lámpara.

Una casa, sin que yo pudiera explicarme la razón, atrajo singularmente mi interés y mis pasos. La puerta, cerrada, sobre dos peldaños de piedra, se abrió silenciosamente a mi llegada, como una tácita invitación. Entré resueltamente y me hallé en un comedor a un tiempo humilde y confortable, con gran chimenea donde ardía buena lumbre, armarios que llegaban hasta el techo, el piso entarimado, pulcro y brillante, un ambiente de orden y apacible vida doméstica… Dos personajes conversaban cerca de la chimenea: un hombre de más de cincuenta años, sentado en un sillón de cuero, con los pies extendidos hacia la lumbre, de aspecto enfermizo, y cuyo rostro, sin embargo, revelaba férrea energía. Frente a él, de pie, estaba una jovencilla que formaba con el hombre el mayor contraste imaginable: era fresca como un ramo de lilas recién cortadas, y sus facciones aniñadas, la ingenuidad de sus límpidos ojos claros, un no sé qué de cambiante y voluble en la expresión, todavía infantil, revelaban una voluntad débil, sugestionable, indecisa.

Ninguno de estos dos personajes pareció darse cuenta de mi presencia, aunque en nada procuré disimularla. ¡Caso extraño! ¡Ellos eran los seres reales y yo el fantasma! Me senté junto a la mesa, donde vi esparcidas algunas cartas, de grafismo alemán, que al punto reconocí –con el inexplicable conocimiento que me guiaba como el hilo de Ariadna por los laberintos del sueño– como escritura del soldado enemigo cuyo pecho atravesé en el campo de batalla.

La vista de estas cartas trazadas por una mano que ya no había de escribir más, me produjo penosa impresión, y procurando desvanecerla, fijé mi atención en la plática de los dos personajes, mejor diré, en las palabras del hombre, porque la muchacha no decía apenas ninguna y sus respuestas consistían en lágrimas y suspiros.

Así me enteré de que eran padre e hija, la cual estaba en relaciones con mi adversario el alemán –¡siempre el alemán!–. Que el padre lo había descubierto y le prohibía terminantemente el noviazgo, después de hacerle mil reproches, cuya causa procedía de una cuestión de patriotismo.

La muchacha lloró a mares, pero acabó por prometer a su padre todo lo que él quiso y hasta echó todas las cartas a la lumbre.

Aquí mi sueño se desvaneció en la profundidad de un dormir más denso, como un grupo fantástico desaparece tras un telón de tinieblas, telón que no tardó en descorrerse de nuevo y mostrar sobre el vasto escenario del sueño el siguiente espectáculo.

Veía la misma casa por fuera, por el lado del huerto, poblado de grandes árboles desnudos, en cuyas ramas la nieve ponía su festón blanco y brillante en la transparente oscuridad nocturna; la tierra, los bancos de piedra adosados a la pared, unas vigas tendidas en un ángulo, el cercado parte de madera y parte de piedra, todo estaba cubierto de nieve y de escarcha. Yo me había resguardado bajo un cobertizo y sentándome en un vacío tonel, esperé con toda calma los acontecimientos.

Oí crujir las ramas y vi aparecer al soldado alemán, a quien conocí al punto, con una sacudida en el corazón; no iba de uniforme, sino con un traje de paño fuerte, sujeto por un cinturón de cuero, con cierta traza de cazador, y una gorra de piel muy encasquetada. Volví a reparar en su hermosa tez rosada y tersa, digna de un niño, sus finas y enérgicas facciones, y sus grandes ojos oscuros que esta vez no reflejaban espanto, como cuando le atravesé el pecho, sino las felices emociones del primer amor.

—¡Perfectamente! –pensé soñando–. El primer acto era dramático y el segundo idílico.

La puerta de la casa se abrió sigilosamente y apareció la gentil alsaciana, mirando con mucho recelo hacia el interior antes de decidirse a salir. Después la pareja se alejó entre los árboles; yo la divisaba aún, confusamente, pasear bajo los troncos e ir y volver, como la pareja de Fausto y Margarita en el jardín de Marta; solo que, allí no había diablo ni tercera; no más estaba yo, de espectador, en mi cobertizo, sin que llegase hasta mi oído más que el rumor, y no siempre, de una conversación en alsaciano. El tono de voz de los interlocutores y más aún, la intuición que acompañaba mis visiones, me revelaban que la joven contaba la escena con su padre y que estaba dispuesta al acatamiento; en el enamorado hubo exclamaciones, ardiente súplica, sugestiva elocuencia; yo advertía, cuando pasaban cerca de mí cuanta mella producían sus razones en el ánimo poco firme de la muchacha. Y por fin los vi abrir el portillo de anchas losas, cubiertas de nieve, que cerraba el huerto, descender por el mismo sendero en zigzag por donde yo había llegado al pueblo, y perderse en la lejana sombra.

Entonces me desperté y cuando estuve bien despabilado, juzgué pura fantasmagoría cerebral lo que acabo de referir.

Cuando los enfermeros sustituyeron, poco después, el pañuelo del alemán, que oprimía mis sienes, por vendajes más adecuados, no volví a soñar más con él ni con nada que se relacionase con su persona, y hubiese dado al olvido, probablemente, dicho sueño, como uno de tantos, si circunstancias inesperadas no lo hubiesen fijado para siempre en mi memoria.

*　*　*

Convaleciente, algunas semanas después regresaba a mi hogar, a Besançon —cábeme el honor de haber nacido en la misma calle de Victor Hugo: casi frente a mi casa está aquella donde el poeta nació, como lo indica una placa—, y hube de cruzar una buena parte de la Alsacia reconquistada a los alemanes, cuando al ascender por un caminito ondulante para llegar a un pueblo donde me proponía descansar durante la noche y alquilar un caballo hasta la primera estación de ferrocarril, se ofreció a mi vista un paisaje que despertó en mi espíritu una vaga reminiscencia. A la entrada del pueblo, una fábrica de aserrar me recordó ya claramente mi sueño, pero, a decir verdad, distaba de llegar a la exactitud lo suficiente para que yo pudiese pensar en buena lógica que en todo esto no se trataba sino de pura coincidencia, lo cual, por otra parte, deseaba yo vivamente, no sintiendo el menor deseo de figurar en un episodio fantástico después de las espantosas realidades que habían quebrantado ya mi cuerpo y mi espíritu.

Era una tarde gris de fines de invierno y el pueblo, con sus tejados puntiagudos, aparecía velado por la niebla. Entré en la primera calle que se abría a mis pasos; había algunas casas destruidas, y ennegrecidas huellas de incendios. La semejanza con el pueblo fantasma continuaba inquietándome vagamente, pero sin ofrecer una similitud perfecta. Vi a mi izquierda una especie de hostería, y sin querer proseguir mi camino, entré y procuré disipar mis confusas imaginaciones con la preocupación práctica de tratar de mi alojamiento y de mi cena.

Invitáronme a calentarme en la inmensa y confortable cocina, donde se reunían algunos vecinos cuya conversación giraba, como siempre, sobre el eterno tema de la guerra.

Interrogáronme afablemente; me invitaron a beber; charlé por los codos, presa de viva excitación nerviosa, y acabé por dar al olvido toda mala impresión. El posadero al cerrar la ventana de la cocina, exclamó:

—¡Ya está nevando otra vez! Y con traza de no dejarlo en toda la noche.

Estas palabras no me causaron otro efecto que el de instigarme a mayor aproximación hacia la lumbre y a pensar con fruición en la abrigada blandura de la cama.

* * *

En cuanto me acosté, me dormí como un bendito, sin ensueños ni visiones. Me desperté confortado, con ese deseo de actividad que se experimenta después de dormir ocho horas de un tirón.

Me lancé de la cama, abrí la ventana... y me quedé clavado en el suelo, atónito, medio asustado. ¡Esta vez sí que, bajo la túnica de la nevada, el pueblo había revestido, con prodigiosa exactitud, la forma de mi sueño! He aquí lo que le faltaba: ¡La nieve! –pensé llevándome las manos a la acalorada frente–. Nada más alguna que otra casa destruida, ponía una nota distinta de mi evocación. Sí, pero mi sueño se refería a un episodio anterior a la guerra cuando las calles presentaban su apacible aspecto de normalidad. Y no era esto lo más impresionable. ¡Frente a la ventana, reconocí la casa donde ocurrió el soñado episodio, con su puerta cerrada, sobre los dos peldaños alfombrados de nieve!

Me vestí en un vuelo y bajé corriendo a la cocina, en donde hallé al posadero, hombre campechano y locuaz, a quien pregunté enseguida si sabía quiénes eran los dueños de la casa frontera.

—Sí señor –me contestó–, ¡ya lo creo! Buenas gentes, señor, sino que la desgracia, cuando da en perseguirle a uno ¿no es eso? cosas que suceden…

Yo me impacientaba con estas reticencias, que desde luego, me parecían de muy mal agüero.

—Ahí vivía –prosiguió el buen hombre– un vecino –y digo *vivía*, porque ya se ha muerto. ¡Dios le haya perdonado! ¿No es eso?– con una hija, guapa chica, pero cabeza loca si las hay… ¡la juventud, señor mío, la juventud! siempre lo digo y tengo razón ¿no es eso? Pero voy al asunto. ¿Usted habrá reparado en la fábrica de aserrar maderas, a la entrada del pueblo? Bien. Pues el director, un hombre honrado –porque aunque uno sea de pura cepa francesa y él patriota temporizante, a cada cual lo suyo ¿no es eso?– tenía un hijo, buen mozo él y que parecía tan trabajador, tan formal ¡pero la juventud, señor, la juventud!… el caso es que se enamoró de esta vecinita mía y ella de él. Algunos disgustos le costó a la chica con su padre, uno de esos patriotas intransigentes que… francamente, tampoco está bien, porque al fin, uno ha de ser cauto ¿no es eso? y el hacer el servicio militar en Alemania nos permitía conservar nuestra Alsacia y defenderla de la codicia prusiana.

Yo me consumía de impaciencia y le rogué que fuese al grano, sin más circunloquios.

—Este pobre vecino mío estaba ya muy malo del corazón, hacía dos años; cada disgusto que se tomaba lo ponía a la muerte y la mocita, por no enojarlo, le prometió una tarde, según él mismo contó después, acabar totalmente con el hijo del director...

—Y aquella misma noche huyó con él –terminé con el corazón palpitante, clavando los ojos en el posadero.

—Así es –afirmó el hombre algo sorprendido–. Pero si está usted enterado...

—No del todo –interrumpí–. ¿Qué sucedió después?

—Que el padre estuvo gravísimo, pero en fin, salió de aquella. ¡Pobre! Venía aquí a comer; parece que lo estoy viendo, en el extremo de esa mesa, flaco, envejecido, siempre taciturno, con los ojos fijos, sin hablar apenas con nadie... Luego vino la guerra; todos andábamos alborotados con las primeras noticias, pero él no; estaba sereno y decía: —Tenía que suceder, y ya lo veréis; esto será el fin del mundo; aunque no ha de tardar mucho, yo ya no he de verlo, pero vosotros os acordaréis de lo que digo... –¡Ah! Parece que su hija le escribió desde Metz, según nos contó el cartero, pero el padre no contestó.

—¿Y el padre del joven? –pregunté, con el vago terror de verlo presentarse allí.

—¿El director de la fábrica? Se acercó a un grupo de los que combatían y no sé quién le disparó un tiro; cayó sin decir Jesús. El padre se puede decir que no tuvo quien le llorase; había enviudado hacía dos años y no le quedaba más que ese hijo, que desapareció, como digo, sin dar más señales de vida. Cuando –aquí estaba comiendo el vecino– vemos por esa puerta de la cocina a la hija, con una criatura en brazos. Todos nos volvimos a mirar al hombre; se había desplomado de bruces sobre la mesa y no necesitó más. Hubo bastante para socorrer a la hija. De caridad enterraron al padre. Ella hubiera querido vender la casa para ir viviendo, pero ya ve usted, no están los tiempos para comprar haciendas; quien más quien menos, todos nos hemos quedado con las manos en la cabeza ¿no es eso? Nos refirió que se casaron en Metz, que él entró como obrero en una fábrica de electricidad y que marchaban bien, cuando, antes de nacer aquel hijo se llevaron a su marido a la guerra; se quedó sin recursos y fue cuando le escribió a su padre –¡ah, todos los hijos son lo mismo!–. Se desconsoló al no obtener contestación, pero él, al menos le escribía con frecuencia… Un día, acababa de nacer su hijo, recibió esa medallita que llevan los soldados alemanes…, pero ¿se pone usted malo?

En efecto, este relato me había impresionado fuertemente y no quise saber más; pero la mujer del posadero, que no era menos locuaz que él, informada de mi interés por la historia de sus vecinos, y con el natural deseo de alabarse un poco, me dijo que la infeliz viuda vivía de la caridad de ellos, porque le daban todos los días el desayuno y las sobras de la comida, a cambio de poco trabajo y no tasable, como el de hacer los recados, coser unas servilletas, echar una mano a las criadas en días de excesivo quehacer, y así por el estilo.

—Pero aquí la tiene usted en persona –terminó la mujer.

Me volví hacia la puerta. La visión de mi sueño, hecha carne, vestida de luto, desmejorada por las penas y las privaciones, avanzó hasta la mitad de la cocina, saludando tímidamente. Reconocí su frente blanca bajo el pelo rubio oscuro, sus límpidos ojos, a la sazón impregnados de tristeza, sus facciones aniñadas, un poco alargadas y enflaquecidas, pero de líneas puras, y su gentil silueta bajo la vestimenta enlutada y humildísima.

La mirada sin hiel, antes llena de suavidad y timidez que me dirigió, turbó mi conciencia con el recuerdo de su infortunio, en el cual yo, involuntariamente, había tenido tanta parte. La compadecía con todo mi corazón, pero no sabía qué hacer.

*   *   *

Mi madre me había enviado en más de una ocasión, durante la guerra, dinero del cual yo había gastado muy poco.

Después de mil dudas, mientras la miraba tomarse su tazón de café con leche, sentada en un banquito cerca de la lumbre, con aire resignado y apacible, se me ocurrió decirle lo siguiente:

—Vecina, me acaban de contar que es usted viuda, en mala situación, con un hijo...

Levantó hacia mí sus ingenuos ojos.

—Sí, señor, sí...

—Pues bien; un compañero mío, muerto en campaña, me recomendó al morir que entregase una cantidad –la que él llevaba encima– a la primera viuda desvalida, a causa de la guerra, que hallase en mi camino... Y como usted es la primera que he encontrado... ¿no comprende?

—¡Oh, señor!

Reservándome lo casi estrictamente necesario, le entregué cuanto poseía, cuatrocientos francos.

En su móvil semblante se reflejaron emoción y gratitud vivísimas. Fue a buscar a su hijo, un niño bonito, muy rubio, con los ojazos llenos de luz y de alegría, y dándomelo a besar me dijo, con voz dulcísima: —Es un hijo de la Alsacia, ¡Señor!... ¡Que más feliz que su padre, pueda servir a la vez a nuestra tierra y a vuestra bandera!

PLÁTICA DOMÉSTICA

L A madre sollozaba muy quedito en el ángulo más oscuro de la habitación; eran judíos de Argelia. El hijo, sombrío y taciturno, estaba sentado junto a una mesilla, ante una taza de café que ni pensaba en apurar; el padre paseaba nerviosísimo por la reducida estancia.

De pronto se detuvo ante el joven y con voz algo emocionada, le dijo:

—Ya lo sabes; mañana te acompaño y no te dejaré hasta verte incorporado a tu regimiento.

El muchacho se limitó a contestar:

—Está bien.

Tanta sequedad desconcertó al padre, un hombre de fisonomía enérgica y mirada leal, aunque severa. Sentía en el alma separarse de su hijo, pero le apenaba la poca voluntad que este demostraba en la sacratísima cuestión de defender a Francia. Él sabía las ilusiones del mozo sobre la fraternidad universal y el horror que le había inspirado siempre la guerra. Se hacía cargo de su contrariedad, de su desengaño, y así, por vía de consuelo, añadió:

—Si se tratase de una guerra colonial; yo haría los imposibles para evitar que fueses. ¿Qué le importa, o que debe importarle a Francia, una colonia más o menos? ¡Por el provecho que sacamos de esos lejanos terruños! Algunos solo valen para pagarnos el lujo de tener un gobernador en la capital. Pero el caso ahora es distinto; piensa, hijo mío, que se trata del suelo donde naciste y que a todo trance debemos defender contra el enemigo. Patria no tenemos más que una, como no se tiene más que una madre, y la patria tiene derecho a exigir...

—Sí, que nos ahorquemos todos por ella –interrumpió el hijo con tono amargo–. De memoria me sé tus teorías y en verdad, no entiendo porque las profesas, tú, que hace cuarenta y cuatro años te batiste como un león contra los prusianos y perdiste media mano; ¿qué te dio la República? Ni siquiera un mal cintajo, de esos que tanto imbécil alcanzó.

—No estaban los tiempos para pedir –replicó el padre con austera convicción–. Fueron malos tiempos aquellos. Harto hacía el Gobierno en desenvolverse; tú no comprendes aquellas terribles complicaciones. ¿Iba yo a ir con jeremiadas sobre mi situación, cuando el gran Thiers lloró públicamente al leer las durísimas condiciones que nos impuso Alemania? ¡No, nunca vencedor alguno abusó más de la victoria! –prosiguió el veterano con los ojos relampagueantes de indignación, a estos recuerdos–. Gambetta y Chanzy querían continuar la guerra[1]; pero era imposible. ¡Horribles sufrimientos! ¡Pobres de nosotros si Francia no hubiese tenido la fibra del patriotismo! Pregunta a tu madre...

---

1. Tanto el estadista Léon Gambetta (1838-1882) como el general Antoine Chanzy (1823-1883) se resistieron a dar por finalizada la guerra franco-prusiana.

—¡Oh, ya sé que a mi madre le has incrustado en el cerebro todos tus sentimientos patrióticos!

Estas palabras exasperaron al padre.

—¡Sí —afirmó en actitud casi amenazadora—, yo y los míos hemos sufrido lo indecible por la patria! No he necesitado incrustar mis sentimentalismos, como tú dices; tu madre ha sufrido aún más por falta de patria que yo; nació en Armenia y niña aún presenció terribles matanzas de judíos; entre los sacrificados había miembros de su propia familia; huyeron a Rusia y allí los cristianos les hicieron padecer tales horrores que se vieron obligados a marcharse también. El rey de España les ofreció asilo diciéndoles que las puertas de la península estaban abiertas para ellos; pero a ninguno le convino pisar suelo español; descontando amargos recuerdos de infieles árabes y fieles cristianos ¿qué iban a hacer a una patria de donde están desarraigados hace siglos? Tú pobre madre con su familia anduvo errante, recelosa y escarnecida hasta que entró en Argelia y halló una patria.

—Di que te halló a ti y estarás en lo cierto. La mejor patria es la que mejor le mantiene a uno. Si yo no hubiese sido hijo único, tiempo ha que me hubiese largado a Australia o a cualquier tierra nueva donde hubiese llevado muy otra existencia de la que llevo, vegetando aquí, sabiendo cuanto gano con mi empleo al cabo del año y sin ninguna esperanza de enriquecerme. Ya veo que Francia está en peligro, pero…

—¡En nombre del cielo! —interrumpió el padre deteniéndose ante su hijo que seguía con la misma actitud displicente—. Supongo que no piensas desertar, porque si tal supiera, con mis propias manos te quitaría tan infame vida.

Sin moverse de su rincón, la madre terció con voz clara y firme:

—¡Desertar! No sería hijo tuyo si tal hiciera... ni mío tampoco –añadió con un deje de amargo desprecio.

El padre se sintió aliviado al oír las palabras de su mujer y más aún cuando oyó decir al hijo:

—No temas por ese lado; iré a la guerra y cumpliré con mi deber. No soy ningún cobarde.

—¡Gracias, hijo mío, gracias! –medio sollozó el viejo soldado–. Hubiera debido comprender que el descendiente de grandes patriotas, no puede desmentir su raza.

El mozo no sentimental dio un suspiro capaz de partir las piedras. Después añadió: —Sobre que en esta guerra ni aun el romanticismo bélico sale bien parado. En tus tiempos cualquiera podía aspirar a ser un héroe. Hoy no hay, no pueden destacarse grandes figuras aisladas; hoy se acabaron los héroes.

El veterano cogió de un brazo a su hijo y lo zarandeó como si quisiera comunicarle con esta elocuencia en acción, la fe y las convicciones.

—Mira, en esta guerra, el *héroe* no existe, porque todos son *héroes*. ¿Se ha visto jamás tal cúmulo de virtudes marciales? El mundo civilizado dudaba de sí mismo; se calumniaba; negaba su propia fuerza; cuando los hombres modernos visitábamos las antiguas armerías, nos sobrecogía la veneración ante aquellas armaduras cuyo peso no podríamos soportar, ante aquellas espadas que nuestro puño no sabe sostener, ante aquellas lanzas hoy día imposibles de blandir. Pues bien, ¡hoy sin corazas, sin armas resplandecientes, sin la palabra guerra estampada en el corazón como una costumbre, como lo fue en otros tiempos, hoy, afeminados por la blandura de la vida cómoda, se lucha con un valor, con un desinterés, con una abnegación, como jamás se ha presenciado desde que hay mundo!

Ahí están los voluntarios ingleses; ahí está Bélgica, que se ha dejado asolar, incendiar, despedazar viva antes que aceptar cobardes transacciones; ahí está Italia que sin salir de la neutralidad tenía en sus manos deseadas ventajas, ofrecidas por Austria... ¿puede nación alguna combatir de más patente modo por un ideal? ¡Aquí estamos nosotros los franceses... yo, el viejo, el inválido, dispuesto a sustituir a un hijo, si ese hijo no siente latir en el pecho un verdadero corazón de francés!

Dio tan viril acento, indignación tan vibrante a esta última frase que el hijo se conmovió y abrazó a su padre.

La madre, que hasta entonces había permanecido en atentísimo silencio, intervino levantándose para acercarse a su hijo. Era una mujer pequeñita y airosa, de rostro moreno y ovalado, cuyo fino perfil aguileño recordaba su origen.

—¡Ay, hijo mío –dijo empezando por un suspiro–, si tú pudieras comprender el calvario de los pueblos sin patria!

—El carecer de ella –interrumpió el hijo– no ha impedido a los judíos ser bien ricos.

—¡Ricos! –exclamó la madre dejando oír irónica risa–. Unos cuantos millonarios, unos cuantos banqueros... y ¡miles y miles de miserables que hemos sufrido todas las injusticias, todos los despojos, todos los destierros, todas las humillaciones! Yo te digo –añadió con vehemente convicción y con elocuente aptitud, que su pequeña estatura pareció crecer– que si la suerte de Francia debiera ser la de quedar bajo el dominio extranjero, si debieran los franceses dejar de serlo, ¡valdría más que ahora mismo se sumergiese en el mar para siempre! Valdría más que pereciésemos todos, porque...

Al llegar aquí, la debilidad femenina ahogó en súbito llanto aquel varonil arranque, y sentándose junto a la mesa, la pobre mujer se cubrió el rostro con el pañuelo, sollozando, sin que ni el padre ni el hijo se atreviesen a interrumpir su dolor.

Al fin la madre pudo acabar de expresar su pensamiento, que se clavó como ardiente saeta en el corazón de su hijo, resuelto ya, en su fuero interno, a combatir animosamente:

—Porque... ¡ay de los pueblos que no tienen patria!... ¡ay de los pueblos que no la aman!

LA TUMBA SOLITARIA

E N el bosque de abetos, cerca de los Vosgos, no se advertían huellas de la guerra. Los troncos se erguían intactos, con sus inmensas ramas horizontales, o caídas oblicuamente; en la tierra, que el césped aterciopelaba, ninguna de esas heridas causadas por los obuses, ninguna de esas destrucciones siniestras, de esos abismos traumáticos que recuerdan la furia del terremoto; nada de proyectiles medio sepultados, ni de redes de alambre; ningún vestigio de lucha ni de violencia.

Una inmensa calma, divina en la aurora, radiante en el mediodía, misteriosa en la noche, reinaba en el bosque.

Sin embargo, el viajero podía encontrar una melancólica sorpresa que agolpase a su memoria todos los horrores de la guerra: una cruz rústica, alta de más de un metro, se erguía sobre la tierra, apisonada recientemente. Ni un nombre, ni una fecha. Sobre el árbol de la cruz, un *kepis*, tan expresivo como pudiera serlo cualquier inscripción. Este *kepis* decía con su presencia: *Aquí yace un soldado francés muerto por la patria.*

Sin duda no pereció en las trincheras ni en ningún combate; allí caería gravemente herido y moriría en una de las etapas de la ambulancia, entre el grupo silencioso de compañeros. La distancia que habrían de recorrer sería larga y hubieron de enterrarlo en aquella selvática soledad; plantaron el símbolo cristiano, y a su pie rezaron descubiertos antes de partir, con el corazón henchido de tumultuosos sentimientos. Después emprendieron la marcha; alguno, al internarse entre la columnata de árboles, se volvería a dar su último *adiós*; y la tumba quedó solitaria bajo el dosel de frondas oscuras, *où tous les sons du ciel modulent une voix.*

El soldado sería un campesino o un poeta o ambas cosas; sería bueno o malo, alegre o taciturno, rico o miserable, querido o solitario; acaso habría nacido lejos de allí, en el otro extremo de Francia, quizá en las colonias. Sea como fuere ¿cuándo pudo soñar más grandiosa sepultura?

En el bosque, más solemne, más sombrío y más religioso que una catedral, duerme en austera paz, cual un héroe de Uhland, bajo las frondas pobladas de alas y de gorjeos; al pie de su cruz florecerán en primavera las violetas y las zarzas esmaltadas de rosas silvestres, rosas cuyas leves hojas dispersará una ráfaga estival en alegre revoloteo; una espiral de yedra trepará por el tronco y los brazos no despojados de su corteza; el otoño cubrirá la tumba con el tapiz multicolor de sus espléndidas podredumbres; el invierno sepultará el dramático rincón bajo nieve no hollada, más hermosa que los mejores mármoles, y suspenderá de los simbólicos brazos estalactitas transparentes; la tempestad hará galopar sobre ella sus invisibles, alados corceles.

Y acaso en las noches, la sombra de un antiguo bardo, surgiendo de la casta claridad lunar, acuda a lamentar su muerte sobre aquella tumba romántica, digna solo de un amante, de un poeta o de un héroe.

ÍNDICE

Cuentos de la Gran Guerra de Matilde Ras
salió de la imprenta el 26 de septiembre de
2 0 1 6